《老子》

道布 著

中国社会科学出版社

图书在版编目(CIP)数据

《老子》直解 / 道布著. —北京:中国社会科学出版社,2015. 8
ISBN 978 - 7 - 5161 - 6843 - 1

Ⅰ. ①老… Ⅱ. ①道… Ⅲ. ①道家②《道德经》- 译文
Ⅳ. ①B223. 1

中国版本图书馆 CIP 数据核字(2015)第 203052 号

出 版 人 赵剑英
责任编辑 任 明
责任校对 董晓月
责任印制 何 艳

出 版 中国社会科学出版社
社 址 北京鼓楼西大街甲 158 号
邮 编 100720
网 址 http://www.csspw.cn
发 行 部 010 - 84083685
门 市 部 010 - 84029450
经 销 新华书店及其他书店

印刷装订 北京市兴怀印刷厂
版 次 2015 年 8 月第 1 版
印 次 2015 年 8 月第 1 次印刷

开 本 710 × 1000 1/16
印 张 16. 25
插 页 2
字 数 136 千字
定 价 58. 00 元

凡购买中国社会科学出版社图书，如有质量问题请与本社营销中心联系调换
电话：010 - 84083683

关于《〈老子〉直解》书稿的说明

《老子》这部中国古代哲学名著，成书于春秋时代末期，距今已经两千多年。累朝历代，有许多学者对它进行过诠释。由于各家观点不同，说法颇有出入。二十世纪以来，海内外又有不少热衷于老学的学者，先后出版了许多新的注释本。笔者不揣冒昧，也把自己近来直接阅读《老子》文本时所记的笔记，整理成书稿，取名为《〈老子〉直解》，希望能够把它公之于众，为诠释道家的这部经典，做出自己的一份努力。事情的经过在拙稿的前言部分已经有所交代，这里从略。

我想提请审阅拙稿的先生们，不妨把拙稿跟任继愈先生和陈鼓应先生的著作做一下比较（附上任继愈先生《老子绎读》、陈鼓应先生《老子注译及评介》中一些章节的复印件，以窥一斑）。通过比较，可以看出我跟两位先生对《老子》文本的解读有哪些不同。任先生跟陈先生都是当代研究老子思想的名家。他们的著作吸收了历代老学著作的精华，足以代表当代学者研究《老子》一书的水平。

我写作《〈老子〉直解》，是从文本出发，运用自己所掌握的语言学知识，借助词典，力求弄清楚老子在这部哲学著作中到底说了些什么，都是怎么说的，以期对老子的思想有一个直接的了解。我只是做了一些基础性的工作，并没有对老子的哲学思想进一步做深入的学术性研究。不过，我觉得，我所做的这些基础性工作还是有它的价值的，也许可以给今后做深入的学术研究提供一些参考材料，也许可以对不熟悉古文而又想阅读《老子》的读者，起到辅助作用。

前　言

《老子》这部古典名著，又称《道德经》，是我国古代诸子百家中道家的经典著作。

老子生活在春秋时代末期，大约跟孔子同时。孔子曾经向他问过“礼”方面的问题。关于老子和他的著作，司马迁在《史记》中有记载。《史记·卷六十三·老子韩非列传》说：老子，名耳，字聃（读 dān），生于楚国苦县厉乡曲仁里。做过周王朝管理藏书的史官。专心研究“道”和“德”，主张自隐无名。老子为周王朝服务了很长时间。后来，看到周王朝日益衰落，就下决心离开。老子走到函谷关，守关的长官对他说：先生既然决定辞职隐居了，就请您给我们写一部书吧。于是，老子就写了一部书，阐述“道”和“德”的意义，分上、下两篇，一共五千余字。写完，老子离开函谷关，后来就没有音讯了。

《老子》是一部哲学著作。在这部著作中，老子建构了一个以“道”为核心的思想体系。“道”的内涵很宽泛，包括世界观，人生观，政治伦理等等。在老子看来，人能够遵循“道”行事，就有品德，品德就好。老子所提倡的好品德，或者说老子所提倡的指导社会实践的理念，可以用四句话来概括，就是：寡欲、无为、示弱、弃智。毫无疑问，《老子》这部著作是写给当时的统治者们看的。在那个时代，知识分子是为统治阶级服务的，老子也不例外。但是，这部经典的内容非常丰富，不但包含了朴素的辩证法思想，通篇闪耀着智慧的光芒，而且还运用当时已经积累起来的许多自然知识、生活知识、生产知识和社会知识来阐述“道”和“德”的意义，生动而富有说服力。老子的文笔非常优美，读起来朗朗上口。书中许多词句，如今已经演化为我们常用的成语、典故，为丰富汉语的表达手段，做出了不可磨灭的贡献。总之，《老子》这部经典的哲学意义、文化价值、政治理念都是值得认真研究的。

我对这部产生于两千多年前的名著，仰慕已久。但是，一直没有抽出时间仔细阅读。最近，终于下决心坐下来把它通读了一遍。我力求对文本本身有一个直接的、完整的、准确的理解，弄清楚老子在这部书里到底讲了些什么，是怎么讲的。于是，一边阅读一边随手把自己的理解记了下来，不期而然形成了一本笔记。这本笔记是我对《老子》文本的直接解读。这本笔记我曾经给几位同事和朋友看过。他们认为，我对《老子》文本的理解，跟前人著述相比，在一些语句上有所不同，有可取之处，可以进一步讨论，不妨把它公之于众，多听听大家的意见，作为一家之言，也许对今天不大熟悉古文的读者了解老子的哲学思想，能够有所帮助。于是，我把笔记重新整理了一遍，取名为《老子直解》。

据说，人们对《老子》这部经典的诠释，至今已经不下一千余种。在两千多年的传承过程中，这部经典也形成了许多种版本。各种版本之间，文字上颇有出入。我想，对这些不同的版本，不必过于纠缠其正误，可以依据流行广泛、人们比较熟悉的版本来把握这部经典的精神。

我阅读《老子》，最初，用的是华东师范大学出版社2010年出版的《道德真经吴澄注》这个版本。采用这个版本纯属偶然。后来，才知道关于《老子》的版本学，大有讲究。我的这本《直解》，不是对这部经典做深入的学术研究，仅仅是企图对老子的哲学思想做一个一般性的或者说基本的了解而已。所以，采用吴澄注的版本还是别的什么版本，对我来说，其实并没有太大的区别。不过，后来发现，吴澄对

《老子》的章节划分和一些语句做了比较大的改动，跟通行的“八十一章”版本相比，颇有出入。所以，在重新整理这本笔记的时候，我根据通行的版本又把章节划分恢复为八十一章，同时，也对一些语句做了调整，跟通行的版本取得一致。

这本《直解》在重新整理的时候，定了一个体例：首先是用标点符号给文本“断句”，然后对某些字词的意义做一些简单的分析，我把它称作“析义”，最后再对全句进行解读，我把它称作“直解”。在极个别章节中，我对一些语句的排列次序提出了讨论性的意见，供读者参考。

我把自己的工作称作“直解”，不称作“翻译”，是有所考虑的。我觉得对于现代读者来说，阅读古代经典著作，不能局限于用现代汉语对古文仅仅做一对一的翻译。古人用字极其简练。由于极其简练，就给后人解读文本留下了很大的自由空间。不但对同样的字句可以有不同的理解，而且对文本的词句只做一对一的翻译，往往不能尽意，不能把原文丰富的含义充分表达出来。所以，我认为，不妨多说几句，在反复斟酌中把古文的含义揣摩得更深刻一些，更全面一些。说到这里，可能有人会问：照此说来，岂不是有拿现代人的眼光歪曲古人的嫌疑吗？我想，无论如何，现代人是很难把自己恢复到古人的状态，用古人的方式去体会古人的思想的。现代人处在现代环境中，只能用现代人的方式去解读古代文本，去了解古人。今人跟古人之间的差异是没有办法抹掉的。今人阅读古文，一定会有今人的认识和感悟，跟前人对古文的诠释必然有所不同。也许，这正是人们对诠释古代经典的兴趣弥久不衰的原因所在吧。

为了辨析字义和给不大常用的字注音，文中酌情使用了汉语拼音字母。所注的音，自然是现代汉语普通话的读音。构拟古音是非常专门的学问，在这本《直解》里似乎还不需要，况且也是我力所不能及的。

最后，我要向老朋友黄润华先生表示衷心的感谢。我把这本解读《老子》的笔记送给黄先生看过。黄先生是多年在国家图书馆工作的老专家，在版本学方面给了我很大的帮助，对拙稿提出了许多宝贵的校订意见。如果说这本《直解》经过重新整理，质量上有所提高，那是跟黄先生的指点和帮助分不开的。限于个人的能力和水平，这本《直解》难免还存在这样那样的问题，希望读者发现后不吝赐教，我愿意做进一步的修改和补充。

目　　录

上　篇

下　篇

上　　篇

（第一章至第三十七章）

第一章

【断句】

道可道，非常道。

【析义】

“道”：是老子在这部著作中着重阐述的具有根本性的哲学范畴，内涵很宽泛，包括世界观、人生观、政治伦理等等。

“可”：在这里作助动词使用，表示“可以”。

“可”字后面的“道”是动词，读dǎo，上声，跟“蹈”字通用，意思是“践行”。

“常”：在古本中有写作“恒”字的。“常”跟“恒”都可以表示“一般的、平常的”意思。

【直解】

（“道”是哲学范畴，其内涵包括世界观、人生观、政治伦理等等）“道”是可以践行的，这个“道”不是一般平常所说“道路”的“道”。

【断句】

名可名，非常名。

【析义】

“名”：是中国古代逻辑学的范畴，相当于今天所说的“概念”。

“可”字后面的“名”，是动词，读 mìng，去声，跟“命”字通用，意思是“下定义”、“界定”。

【直解】

（“名”在这里指“概念”）“概念”是可以下定义加以界定的。这个“名”不是一般平常所说“名称”的“名”。

【断句】

无，名天地之始。

【析义】

“无”：老子在这部著作中论述的哲学基本概念，跟“有”（即“存在”）相反。

“名”：作动词使用，读 mìng，去声，意思是“下定义”。

“天地”：比现代汉语常用的意思要宽泛，可以理解为今天所说的“宇宙”。

【直解】

用“无”这个概念来定义宇宙的开始。（也就是说宇宙始于“无”）。

【断句】

有，名万物之母。

【析义】

“有”：老子在这部著作中论述的哲学基本概念，跟“无”相反。

“母”：根源，起源。

【直解】

用“有”这个概念来定义万物的起源。（也就是说万物起源于“有”）。

【断句】

常无欲，以观其妙。

【析义】

“常”：在古本中有写作“恒”字的。“常”跟“恒”在这里表示“平时”的意思。

“欲”：欲望，引申为“需要”。

“观”：观察，引申为对事物的“探索”。

“其”：代词，在这里指“道”。

“妙”：奥秘。

【直解】

平时，当没有什么特定需要的时候，可以对“道”做一般性的探索，了解它的奥秘。（相当于现在所说的进行基础性研究）。

【断句】

常有欲，以观其徼。

【析义】

“观”：观察，引申为“搞清楚”。

“徼”：读 jiào，去声，边界，引申为“范围”。

【直解】

平时，当为了某种特定需要去探索“道”的时候（相当于现在所说的进行应用性研究），要搞清楚“道”的适用范围。

【断句】

此两者同出而异名，同谓之玄。

【析义】

“两者”：指“观其妙”和“观其徼”。

“同出”：共同的出发点。

“谓”：跟“为”字通用，这里作“为了”解。

“之”：作动词使用，表示“前往”的意思，引申为“探求”。

“玄”：黑色，比喻“未知的东西”。

【直解】

探索奥秘和搞清楚适用范围，概念虽然不一样，但是出发点是共同的，都是为了探求未知的东西。

【断句】

玄之又玄，众妙之门。

【析义】

“玄之又玄”：从这个未知的东西到另一个未知的东西。

“门”：门径，途径。

【直解】

从这个未知的东西到另一个未知的东西，这样一步一步进行下去，是探索一切奥秘的途径。

第二章

【断句】

天下皆知美之为美，斯恶矣；皆知善之为善，斯不善矣。

【析义】

“天下”：指“天下人”。

“之”：作动词使用，意思是“前往”，引申为“故意去做什么事”。

“为”：跟“伪”字通用，意思是“装作、假装”。

“斯”：连词，相当于现代汉语的“于是，就”。

“矣”：用在句末，跟“了”字意思一样，表示“已然”。

【直解】

当天下人都知道什么是美，而故意装出美的样子，那就是丑恶了；都知道什么是善，而故意装出善的样子，那就是不善了（用真跟假的对立说明事物经常是一分为二，由对立面构成）。

【断句】

故有无相生，难易相成，长短相形，高下相倾，音声相和，前后相随。

【析义】

“故”：连词，相当于现代汉语的“所以，因此”。

“生”：存在。“相生”就是互相依存。

“成”：成全。“相成”就是构成互补关系。

“形”：对照。“相形”就是互相对照。

“倾”：向，对着。“相倾”就是俯仰相对。

“和”：读 hè，去声，意思是和谐地跟着唱。“相和”就是互相应和。

【直解】

所以，“有”跟“无”相互依存，“难”跟“易”构成互补关系，“长”跟“短”互相对照，“高”跟“下”俯仰相对，不同的声音互相应和，“前”跟“后”一个跟随一个。（说的是对立面相反相成）。

【断句】

是以圣人处无为之事，行不言之教。

【析义】

“是以”：因此。所以。

“圣人”：指品格高尚有大智慧的人，也是对君主的称呼。

“处”：作动词使用时读 chǔ，上声，意思是“处理”。

“无为”：顺其自然，不干预，不做不该做的事。

“不言”：不说话。“不言之教”就是用行动影响人们教育人们，不说教。

【直解】

因此，圣人（指君主）处理事情要顺其自然，不干预人们，不做不该做的事，用行动去影响人们、教育人们。

【断句】

万物作焉而不辞，生而不有，为而不恃。

【析义】

“万物”：一般指宇宙间的一切事物。这里指“人们”。在古文里“物”可以用来指“除自己以外的人”。

“作”：劳作。

“焉”：表示肯定语气的助词。

“辞”：责备，引申为“干预”。

“生”：生养繁衍。

“有”：占有。

“为”：作为，做事。

“恃”：依赖。

【直解】

听任人们从事劳作，不干预他们；听任人们生养繁衍，不占有他们；听任人们随意作为，不让他们有所依赖（即不必让人们依附于我）。

【断句】

功成而弗居。夫惟弗居，是以不去。

【析义】

“功”：成就。

“成”：完成。“功成”：取得成就。

“弗”：读 fú，阳平，不要，不可。

“居”：占有，引申为“归于自己”。

“夫”：发语词，读 fú，阳平，用于一句话的开头，没有词汇意义。

“惟”：由于。

“去”：成为过去。“不去”：就是“不会成为过去”，也就是“长久保持下去”。

【直解】

取得成就之后不要把成就归于自己。由于不把成就归于自己，所以，能够长久保持下去。

第三章

【断句】

不尚贤，使民不争；不贵难得之货，使民不为盗；不见可欲，使民心不乱。

【析义】

“尚”：作动词使用，意思是“推崇”。

“贤”：有才能的人。

“见”：读 xiàn，去声，意思是“表现出来”。

“可”：许可，引申为“放纵”。

“欲”：欲望。

【直解】

不推崇有才能的人，就不会导致老百姓互相竞争；不给难得的商品出高价，就不会导致老百姓去当强盗；没有放纵欲望的表现，就不会导致老百姓思想混乱。

【断句】

是以圣人之治，虚其心，实其腹，弱其志，强其骨，常使民无知无欲，使夫知者不敢为也。

【析义】

“治”：指治理国家。

“虚”：作动词使用，意思是“感到胆怯”。

“其”：代词，指老百姓。

“知”：想法。

“夫”：作指示代词使用，相当于现代汉语的“那，那些”。

“知者”：有想法的人。

【直解】

所以，圣人（指君主）治理国家，既要让老百姓心里感到胆怯，又要让他们吃饱肚子；既要让他们胸无大志，又要让他们身强力壮（也就是说要让老百姓头脑简单、四肢发达）；经常要让老百姓处于没有想法、没有欲望的状态，要让那些有想法的人不敢去做。

【断句】

为无为，则无不治矣。

【析义】

“治”：安定、太平。“不治”就是“不安定，不太平”。

【直解】

做事情顺其自然，不做不该做的事，就不会不安定、不太平。

第四章

【断句】

道冲而用之，或不盈。

【析义】

“冲”：空虚，引申为“谦虚，小心谨慎”。

“或”：换句话说。

“盈”：满。“不盈”就是“不满”，引申为“留有余地”。

【直解】

“道”要小心谨慎地运用，换句话说，就是运用“道”的时候要留有余地。

【断句】

渊兮，似万物之宗！

【析义】

“渊”：深水，比喻“深远”。

“兮”：读 xi，阴平，语气助词，表示感叹。

“似”：作介词使用，表示“超过”。

“宗”：祖先，祖宗，引申为“起源”。

【直解】

“道”深远啊，比万物的起源还要深远！

【断句】

挫其锐，解其纷，和其光，同其尘。

【析义】

“锐”：锐气，气势。

“解”：化解。

“纷”：纷乱，纷繁。

“和”：作动词使用，意思是“使之柔和”。“和其光”就是“让光线柔和下来”，引申为“不引人注目”。

【直解】

运用“道”的时候，要放缓气势，要从纷繁中理出头绪，不要引人注目，跟别人一样也蒙上一层灰尘（韬光养晦）。

【断句】

湛兮，似或存：吾不知谁之子，象帝之先。

【析义】

“湛”：深，引申为“深奥”。

“或”：跟“惑”字通用，意思是“疑惑、疑问”。

“存”：跟“忖”字通用，意思是“思考”。

“谁之子”：泛指某人。

“象”：作动词使用，意思是“想象”。

“帝”：指宇宙的主宰，中央之帝为“浑沌”。

【直解】

“道”深奥啊，比思考下面的问题还要深奥：我不能想象在主宰宇宙的“浑沌”之前还有什么人存在！

【讨论】

第四章的四句话，如果把次序调动一下，把第三句“挫其锐……同其尘”放到第一句“道冲而……或不盈”之后，意思就顺畅了。这样，第二句“渊兮……”也跟第四句“湛兮……”接上气了。

第五章

【断句】

天地不仁，以万物为刍狗。

【析义】

“天地”：指自然界。

“刍狗”：祭祀时使用的草扎的狗形祭品。

【直解】

自然界没有爱心，对待万物就像对待草扎的狗形祭品一样，用完了就扔掉。（意思是自然界是没有感情的，并不关注任何事物，宇宙万物自生自灭。）

【断句】

圣人不仁，以百姓为刍狗。

【析义】

“圣人”：指君主，统治者。

【直解】

君主（统治者）没有爱心，对待老百姓就像对待草扎的狗形祭品一样，用完了就扔掉。（意思是统治者把老百姓看得很渺小，不重视）。

【断句】

天地之间，其犹橐籥乎？虚而不屈，动而愈出。

【析义】

“天地”：天和地，用的是这两个字的本义。

“犹”：如同，好像。

“橐”：读 tuó，阳平，就是囊，口袋。

“籥”：读 yuè，去声，管子。“橐籥”：冶炼金属用的鼓风器。

“屈”：古本中有写作“淈”的。“淈”读 qū，阴平，意思是“枯竭、竭尽”。

【直解】

天地之间不是好像一个冶炼金属使用的鼓风器吗？容量很大，里面的空气永远用不完，越是鼓动它，吹出的气就越多（比喻自然界非常大，自然力无穷无尽）。

【断句】

多言数穷，不如守中。

【析义】

“多”：过分。

“言”：发言，引申为“讨论”。

“数”：自然之理。

“穷”：作动词使用，意思是“彻底推求”。

“守中”：适可而止。

【直解】

推求自然之理，与其没完没了地讨论，不如适可而止。（意思是自然之理讨论起来没有止境）。

第六章

【断句】

谷神不死，是谓玄牝。

【析义】

“谷”：读 yù，山谷，比喻“空虚”。

“神”：神奇，变化莫测。“谷神”：是对“道”的描述，意思是说“道”空虚无形、变化莫测。

“不死”：永存。

“玄”：未知的。

“牝”：读 pìn，去声，雌性，雌性为母，引申为“本源”。

【直解】

空虚无形、变化莫测的“道”是永存的，“道”是未知的本源。（也就是说，一切未知的东西都可以从“道”当中寻找答案）。

【断句】

玄牝之门，是谓天地根。

【析义】

“天地”：指宇宙。

“根”：生长的起点。

【直解】

沿着通向未知的本源（也就是“道”）的途径走下去，可以达到宇宙的起点。

【断句】

绵绵若存，用之不勤。

【析义】

“绵绵”：连绵不断。

“若”：表示比拟。

“存”：存续。

“勤”：读 jìn，去声，跟“尽”字通用，意思是“达到极限”。“不勤”就是“不会达到极限”，也就是“没有止境”。

【直解】

“道”是永远存续下去的，运用它没有止境。

第七章

【断句】

天长地久。

【直解】

天存在很久了，地存在很久了。

【断句】

天地所以能长且久者，以其不自生，故能长生。

【析义】

“自生”：为自己谋生存。

【直解】

天地为什么能够长久存在下去？是因为它们不为自己谋生存，所以能够长久存在下去。

【断句】

是以圣人后其身而身先，外其身而身存。

【析义】

“后”：作动词使用，意思是“放到后面”。

“身”：自身，自己。

“外”：作动词使用，意思是“疏远”，引申为“不看重”。

“存”：保全。

【直解】

所以，圣人把自己放在别人后面（也就是说，不跟别人争地位），这样做反而能够跻身前列；不看重自己，反而能够保全自己。

【断句】

非以其无私邪？故能成其私。

【析义】

“邪”：读 yé，阳平，疑问语气助词。

“故”：反而，反倒。

“成”：实现。

“私”：个人利益。

【直解】

不是因为他不争个人利益吗？反而能够实现他的个人利益。

第八章

【断句】

上善若水。

【析义】

“善”：美好的品德。

【直解】

最美好的品德像水一样。

【断句】

水善利万物而不争，处众人之所恶，故几于道。

【析义】

“善”：作动词使用，意思是“能够做到”。

“处”：安于。

“恶”：读 wù，去声，作动词使用，意思是“讨厌”。

“几”：几乎，将近，接近。

【直解】

水能够做到有利于万物而不争利，能够安于众人都讨厌的环境，所以，水的品德就跟“道”很接近了。

【断句】

居善地，心善渊，与善仁，言善信，政善治，事善能，动善时。

【析义】

“地”：环境。

“心”：思想，思考。

“渊”：深，深刻。

“与”：跟朋友交往。

“政”：作动词使用，意思是“从政”。

“治”：安定，有秩序。

“能”：胜任。

“时”：时机。作动词使用时意思是“把握时机”。

【直解】

（要像水那样）住下来能够做到适应环境；思考问题能够做到深刻；跟朋友交往能够做到有爱心；说话能够做到有信用；从政能够做到让社会安定，有秩序；做事情能够胜任愉快；采取行动能够做到把握时机。

【断句】

夫惟不争，故无尤。

【析义】

“夫”：读 fú，阳平，发语词，没有词汇意义。

“惟”：由于。

“尤”：怨恨。

【直解】

由于不跟别人争，所以不会引起别人怨恨。

第九章

【断句】

持而盈之，不如其已。

【析义】

“已”：已往，指“未盈之时”。

【直解】

手持一件容器，盛满了东西，不如未盛满时候好掌握。

【断句】

揣而锐之，不可长保。

【析义】

“揣”：读 zhūi，阴平，捶打。

【直解】

（譬如一个锥子）把它捶打得十分尖锐，可是它的锐利并不能长久保持下去。

【断句】

金玉满堂，莫之能守；富贵而骄，自遗其咎。

【析义】

“遗”：留下。

“咎”：灾殃。

【直解】

即使有满屋子的金银财宝，不一定守得住；富贵之后骄傲放纵，会给自己留下灾殃。

【断句】

功成身退，天之道。

【析义】

“天”：指“自然”。

【直解】

取得了成就，就要抽身退下来，这是自然的道理。

第十章

【断句】

载营魄抱一，能无离乎？

【析义】

“载”：跟“再”字通用，意思是“一再，反复”。

“营”：“盈”的同音字，月圆曰“盈”。

“魄”：读 pò，去声，跟“霸”字通用，指每月初始时的月亮。“盈魄”是月相，也就是月亮的圆缺。

“抱”：保持。

“一”：同一。

“离”：背离。“无离”就是“不背离”，也就是“保持下去不变”。

“能”：用于疑问语气的时候，意思是“能不能这样呀？”

【直解】

月亮从圆到缺，循环往复，始终如一，能不能这样保持下去呀？（意思是：这样保持下去多好呀！）

【断句】

专气致柔，能婴儿乎？

【析义】

“专”：作动词使用，意思是“掌握，运用”。

“气”：气息。“专气”就是“把握气息，运用气息”。

“致”：求得。

“柔”：柔和。“致柔”就是动作做得柔和。

【直解】

把握气息，运用气息，动作做得柔和，能不能像婴儿一样呀？（意思是：像婴儿一样多好呀！）

【断句】

涤除玄览，能无疵乎？

【析义】

“涤除”：清洗，引申为“排除”，指“排除杂念”。

“玄”：玄冥。

“览”：观察。“玄览”的意思是“冥想”，相当于现在所说的“思辨”。

“疵”：缺点，引申为“过失，错误”。“无疵”就是

"不犯错误"。

【直解】

排除杂念，进行思辨，能不能不犯错误呀？（意思是：不犯错误多好呀！）

【断句】

爱民治国，能无知乎？

【析义】

"知"：跟"智"字通用，这里指"智谋"，也就是"心计"，"耍心眼儿"。

【直解】

爱护百姓，治理国家，能不能不施展心计，不耍心眼儿呀？（意思是：不施展心计、不耍心眼儿多好呀！）

【断句】

天门开阖，能为雌乎？

【析义】

"天门"：指"心"，即"思想，脑筋"。

"开阖"：运动。

"雌"：雌性性格安静。"为雌"就是"做到安静"。

【直解】

开动脑筋，进行思考，能不能静下心来呀？（意思是：能够静下心来多好呀！）

【断句】

明白四达，能无为乎？

【析义】

“达”：畅通。“四达”：四个方向都畅通，也就是“全都通晓了”。

【直解】

什么都明白了，全都通晓了，能不能顺其自然，不做不应该做的事呀？（意思是：能够顺其自然多好呀！）

【断句】

生之，畜之。

【析义】

“生”：生存。

“畜”：读 xù，去声，饲养，引申为“养育”。

“之”：代词，指老百姓。

【直解】

要让老百姓生存下去，要养育他们。

【断句】

生而不有，为而不恃，长而不宰。是谓玄德。

【析义】

“生”：生养繁衍。

“有”：占有。

“为”：指随意作为。

“恃”：依赖。

“长”：读 zhǎng，上声，作动词使用，意思是“成长”。

“宰”：主宰，引申为“统辖，支配”。

“玄”：深邃的、微妙的、难以把握的。

“德”：品德，引申为“政治修养”。

【直解】

听任老百姓生养繁衍，不占有他们；听任老百姓随意作为，不让他们有所依赖（即不让他们依附于我）；听任老百姓自由成长，不管辖他们，不支配他们。这是深邃、微妙、难以把握的政治修养。

第十一章

【断句】

三十辐共一毂，当其无，有车之用。

【析义】

“毂”：读 gǔ，上声，车轮的中心部分，周围插辐条，中心有圆孔，插车轴。

“无”：没有，引申为“弄没了，消耗掉”，也就是“被使用了”。

“用”：作用、功用，引申为“使用价值”。

【直解】

三十根辐条都插在一个毂周围，（外边再加一圈车辋），构成一个车轮，（用它代表一辆车），只有当它被消耗掉（也就是被使用）的时候，才能够发挥出车的作用（实现它的使用价值）。

【断句】

埏埴以为器，当其无，有器之用。

【析义】

“埏”：读 shān，阴平，意思是“揉黏土”。

“埴”：读 zhí，阳平，黏土。

【直解】

揉黏土做成容器，只有当它被消耗掉（也就是被使用）的时候，才能够发挥出容器的作用（实现它的使用价值）。

【断句】

凿户牖以为室，当其无，有室之用。

【析义】

“户”：门。

“牖”：读 yóu，阳平，窗。

【直解】

凿出门窗，盖一座房子，只有当它被消耗掉（也就是被使用）的时候，才能够发挥出房子的作用（实现它的使用价值）。

【断句】

故有之以为利，无之以为用。

【析义】

“利”：利益，利润。

【直解】

所以，占有它可以用来牟取利益（利润），使用它才能够发挥它的作用。（按今天的话说，以上讲的是交换价值和使用价值的关系，看来老子已经意识到了“商品的二重性”）。

第十二章

【断句】

五色令人目盲，五音令人耳聋，五味令人口爽，驰骋田猎令人心发狂，难得之货令人行妨。

【析义】

“五色”：泛指各种颜色。

“五音”：泛指各种音乐。

“五味”：泛指各种美味。

“爽”：有“伤败”义，“口爽”的意思是“味觉受到伤害”。

“行”：指“品行”。

“妨”：损害，败坏。

【直解】

五颜六色让人的视觉受到伤害，搞得眼花缭乱；沉迷于各种音乐让人的听觉受到伤害，变成聋子；贪吃各种美味让人的味觉受到伤害，分辨不出味道；骑马奔驰打猎让人兴奋发狂；难得的商品引诱人做出败坏品行的事。

【断句】

是以圣人为腹不为目。故去彼取此。

【析义】

“腹”：指“内心”。“为腹”的意思是“修养内心”。

“目”：代表“感官”。“为目”的意思是“刺激感官”。

【直解】

所以，圣人寻求修养内心，不寻求感官刺激。所以，放弃后者，选择前者。

第十三章

【断句】

宠辱若惊，贵大患若身。

【析义】

“宠”：荣耀。

“辱”：屈辱。

“若”：及，到，涉及，引申为“引起”。

“惊”：心态失常。

“贵”：作动词使用，意思是“看重”。

“患”：忧虑。“大患”就是“严重的忧虑”。

“身”：身份，地位。

【直解】

荣耀和屈辱引起心态失常，是因为把涉及身份地位的忧虑看得太严重了。

【断句】

何谓宠辱若惊？宠为下。得之若惊，失之若惊，是谓宠辱若惊。

【析义】

“何”：疑问代词，“为什么？”

“谓”：跟“为”字通用。

“下”：下等，低级，引申为“不好”。

“之”：代词，指“宠”。

【直解】

何必为了荣耀和屈辱而引起心态失常？“荣耀”这东西不好，得到了它会引起心态失常，失去了它也会引起心态失常。荣耀和屈辱引起心态失常就是这么回事。

【断句】

何谓贵大患若身？吾所以有大患者，为吾有身。及吾无身，吾有何患？

【析义】

“谓”：“为”的同音字。

【直解】

何必把涉及身份、地位的忧虑看得这么严重？我所以有严重的忧虑，是因为我有身份、地位。到了我没有身份、地位的时候，我还有什么忧虑可言呢？

【断句】

故贵以身为天下，若可寄天下；爱以身为天下，若可托天下。

【析义】

“若”：作副词使用，相当于现代汉语的“才”，表示“只有在某种条件下才能够……”的意思。

“寄”：委托。

“爱”：珍惜。

【直解】

所以，你只有看重用自己的身份、地位去为天下服务，才可以把天下委托给你；你只有珍惜用自己的身份、地位去为天下服务，才可以把天下托付给你。

第十四章

【断句】

视之不见，名曰夷；听之不闻，名曰希；搏之不得，名曰微。此三者不可致诘，故混而为一。

【析义】

“夷”：无形。

“希”：跟“稀”字通用，意思是“少，难得”，引申为“听不见，无声”。

“搏”：读 tuán，阳平，把散碎的东西攥起来。

“致”：尽、极。

“诘”：读 jié，阳平，追问。“致诘”就是“追问到底”。

“混”：混同，视为同一。

“一”：数之始曰一，表示最小的量；也可以理解为“同一”的“一”。

【直解】

看不见的叫做无形，听不见的叫做无声，攥不起来的叫做微小。这三者都不可能追问到底（即不可能穷尽到无限小），所以，把它们看作具有同一性。

【断句】

其上不皦，其下不昧。绳绳兮，不可名，复归于无物。是谓无状之状，无物之象。是谓惚恍。

【析义】

“皦”：读 jiǎo，上声，清晰。

“昧”：昏暗。

“绳绳”：读 mǐn mǐn，上声，恍惚的样子。

“名”：作动词使用，读 mìng，去声，意思是“言说，描述”。

“物”：内容。

“象”：表现。

【直解】

它的上边不清晰，它的下边不昏暗，恍恍惚惚啊，看不清楚，说不清楚，最后归结为什么内容也没有。这就是所谓的没有形状的形状，没有内容的表现。这就是所谓的模糊不清。（意思是“道”的内涵和外延都是说不清楚的，都是无限的）

【断句】

迎之不见其首，随之不见其后。

【析义】

“之”、“其”：都是代词，指的都是“道”。

【直解】

迎面看不见它的头，跟随在后面看不见它的尾。（也就是说，不知道“道”是如何开始的，也不知道“道”将如何终结）。

【断句】

执古之道，以御今之有。

【析义】

“执”：驾驭，运用。

“御”：驾驭，引申为“统治”。

“有”：跟“域”字通用，“域”指邦国，诸侯的封地。

【直解】

可以运用古代的“道”来统治今天的邦国（诸侯的封地）。

【断句】

能知古始，是谓道纪。

【析义】

“纪”：头绪。

【直解】

能够知道古代是如何开始的，也就找到了“道”的头绪。

第十五章

【断句】

古之善为士者，微妙玄通，深不可识。夫惟不可识，故强为之容。

【析义】

“为士者”：古本有写作“为道者”的。“为”在这里有“学习”的意思，所以，“为士者”就是“学习‘道’的人们”。

“微妙”：难以捉摸。

“玄通”：深奥。

“夫”：读 fú，阳平，发语词，没有词汇意义。

“强”：读 qiǎng，上声，勉强。

“容”：作动词使用，意思是“打扮”，引申为“形容”。

【直解】

古时候善于学习“道”的人们，认为“道”是难以捉摸、非常深奥，很难理解的。正是由于很难理解，所以，只能勉强加以形容。

【断句】

豫兮，若冬涉川；犹兮，若畏四邻；俨兮，其若客；涣兮，若冰之将释；敦兮，其若朴；旷兮，其若谷；浑兮，其若浊。

【析义】

“豫”：跟“预”字通用，意思是“预先有所准备”。

“犹”：迟疑的样子，引申为“谨慎，慎重”。

“俨”：读 yǎn，上声，恭敬庄重。

“涣”：舒畅。

“敦”：诚恳，质朴。

“朴”：未加工的木材。

“旷”：开朗，空阔。

“谷”：读 yù，去声，山谷。

“浑”：天然，厚重。

“浊”：浊水。

【直解】

（学习“道”）要预先有所准备啊，就像冬天徒步过河一样；要小心谨慎啊，就像惧怕四周邻国一样；要恭敬庄重啊，就像对待客人一样；“道”就像将要融化的冰啊，让你感到舒畅；就像未加工的木材啊，让你感到质朴；就像山谷一样啊，让你感到开朗空阔；就像浊水一样啊，让你感到天然、浑厚。

【断句】

孰能浊以止？静之徐清。孰能安以久？动之徐生。

【析义】

“孰”：疑问代词，谁、哪个、什么，这里引申为“有什么办法”。

“止”：停止，引申为“保持不变”。

“徐”：缓慢。

“安”：安稳。

“动”：推动。

“生”：活动起来。

【直解】

有什么办法能够让浑浊的水保持浑浊不变？只要让它静下来慢慢就会清澈。有什么办法能够让安稳的东西长久地保持安稳？只要推它一下就会慢慢地动起来。

【断句】

保此道者不欲盈。夫惟不盈，故能敝不新成。

【析义】

“保”：保持、坚持。

“盈”：溢出，引申为“过分”。

“敝”：破旧，指“原有的旧东西”。

“新成”：新的成就，指“新东西”。

【直解】

坚持这种“道”的人做事情不想做得过分。由于做事情不过分，所以能够守住原有的旧东西，不追求新东西。

第十六章

【断句】

致虚极，守静笃。

【析义】

“虚极”：指“道”的无形无象原始状态。

“守”：坚守、坚持。

“笃”：一心一意，踏踏实实。

【直解】

要最大限度地接近“道”的原始状态，就要坚持踏踏实实、一心一意静下心来。

【断句】

万物并作，吾以观复。

【析义】

“并”：互相争着做，竞相。

“作”：活动。

“复”：回归，指“回归本性”。

【直解】

天下万物竞相活动，我就拿它们来考察回归本性的意义。

【断句】

夫物芸芸，各复归其根。归根曰静，是曰复命。

【析义】

“夫”：读 fú，阳平，发语词，无词汇意义。

“芸芸”：众多的样子。

“根”：指事物的本源。

“是”：作指示代词使用，相当于现代汉语的“这，这个”。

“曰”：作系词使用，相当于现代汉语的“是”。

“复命”：回归本性。

【直解】

事物纷繁众多，各自都能够回归到它的本源上。回归到本源上就静止了。这就是回归本性。

【断句】

复命曰常。知常曰明。

【析义】

“常”：指恒久不变的规律。

“明”：明白事理。

【直解】

回归本性是恒久不变的规律。知道恒久不变的规律就明白事理了。

【断句】

不知常，妄作，凶。

【析义】

“妄”：胡乱，越轨。

“凶”：伤人。

【直解】

不知道恒久不变的规律，就会越轨，做出伤害人的事情。

【断句】

知常容，容乃公，公乃王，王乃天，天乃道，道乃久，没身不殆。

【析义】

“容”：宽容，胸怀宽阔。

“公”：公道。

“王”：作动词使用，读 wàng，去声，意思是“君临天下”。

“天”：作动词使用时意思是“替天行道”。

“殆”：危险。

【直解】

知道恒久不变的规律才能够胸怀宽阔；胸怀宽阔才能够主持公道；能够主持公道才能够君临天下；君临天下是为了替天行道；替天行道才能够长久，一辈子没有危险。

第十七章

【断句】

太上，不知有之。其次，亲而誉之。其次，畏之。其次，侮之。

【析义】

“大”：读 tài，去声，即“太”字。“太”表示“至高、极、最”的意思，引申为“最好的”。

“上”：指帝王，最高统治者。“太上”意思是“最好的统治者”。

“有”：存在。

“之”：代词，指最高统治者。

“誉”：作动词使用，意思是称赞。

“畏”：惧怕。

“侮”：轻慢，轻蔑。

【直解】

最好的统治者，人们感觉不到他的存在（因为他无为而治）。其次，也就是好一点的，人们还能够亲近他、称赞他。其次，也就是差一点的，人们就惧怕他了。其次，也就是更差的，人们就轻蔑他了。

【断句】

信不足焉，有不信焉。

【析义】

“信”：作名词使用时，意思是“信用”；作动词使用时，意思是“相信，信任”。

“焉”：语气助词，表示“肯定”。

【直解】

由于缺乏信用，就产生了不信任。

【断句】

悠兮，其贵言！

【析义】

“悠”：忧思的样子。

“其”：代词，指统治者。

“贵”：稀为贵，这里表示“少”的意思。

【直解】

让人担忧啊，统治者们少说话吧！

【断句】

功成事遂，百姓皆谓我自然。

【析义】

“自然”：自己的样子，引申为“自己的意思”。

【直解】

取得成就，把事情办成了，让老百姓说：这符合我们自己的意思。

第十八章

【断句】

大道废，有仁义；智慧出，有大伪；六亲不和，有孝慈；国家昏乱，有忠臣。

【析义】

“大道”：指政治上的最高理想。

“废”：被放弃。

“有”：发生，出现，引申为“有某种需要”。

“出”：产生。

“大”：数量多。

“伪”：虚假。

“六亲”：指父母、兄弟、夫妻，引申为“家庭”。

“孝慈”：对父母孝敬，对子女慈爱。

【直解】

政治上的最高理想被人们放弃以后，才感到需要提倡仁爱正义；产生智慧以后，才出现大量虚假的东西；家庭失去和睦以后，才感到需要提倡对父母孝敬对子女慈爱；国家昏乱以后，才感到需要忠臣。

第十九章

【断句】

绝圣弃智，民利百倍；绝仁弃义，民复孝慈；绝巧弃利，盗贼无有。

【析义】

“绝”：拒绝。

“圣”：造诣极高的人，也指有专长的人。

“弃”：放弃。

“智”：智谋，玩弄手段。

“巧”：工巧，技艺，技术。

“利”：利润。

【直解】

拒绝推崇专长和造诣，放弃智谋不玩弄手段，让老百姓得到百倍的好处吧；拒绝讲仁爱，放弃讲正义，让老百姓恢复对父母孝敬对子女慈爱吧；拒绝工艺技术，放弃追求利润，让盗贼绝迹吧。

【断句】

此三者，以为文不足，故令有所属。

【析义】

“文”：掩饰，引申为“弥补”。

“属”：读 zhǔ，上声，跟“瞩”字通用，意思是“关注”。

【直解】

这三条意见都是为了弥补缺失，所以值得人们关注。

【断句】

见素抱朴，少私寡欲。

【析义】

“见”：推荐，引申为“提倡”。

“素”：本色。

“抱”：保持。

【直解】

提倡本色，保持朴实，减少私心，克制欲望。

第二十章

【断句】

绝学无忧。

【析义】

“绝”：拒绝。

“学”：模仿。“绝学”就是“不模仿别人”。

“忧”：畏惧。“无忧”就是“不畏惧”，引申为“没有什么了不起”。

【直解】

不模仿别人，没有什么了不起。（意思是要有独立的人格，不随大流没有什么了不起。）

【断句】

唯之与阿，相去几何！善之与恶，相去何若！

【析义】

“唯”：卑恭顺从。

“阿”：古本有写作“诃”或“呵”的。“诃”跟“呵”都读 hē，阴平，意思是“呵斥，大声斥责”。

【直解】

卑恭顺从跟受呵斥相比，相差多少！善跟恶相比，相差多少！

【断句】

人之所畏，不可不畏。荒兮，其未央哉！

【析义】

“荒”：跟“慌”字通用，意思是“恐惧紧张”。

“未央”：未尽，引申为“没完没了”。

【直解】

别人畏惧的，我不能不畏惧。恐惧紧张啊，没完没了！

【断句】

众人熙熙，如享太牢，如春登台。我独泊兮，其未兆，如婴儿之未孩。

【析义】

“熙熙”：欢欢喜喜的样子。

“太牢”：祭祀或宴会用的牛、羊、猪，引申为“丰盛的宴会”。

“泊”：恬静的样子。

“兆”：预示。“未兆”：没有预示，引申为“什么也没有感觉到”。

“孩”：跟“咳”字通用，读 hái，阳平，意思是“小孩笑”。

【直解】

大家欢欢喜喜，如同享受了有牛、羊、猪肉的丰盛宴会，如同春天登上亭台游览。只有我恬静地待在一边啊，没有任何感觉，如同一个还不会笑的婴儿一样。

【断句】

傫傫兮，若无所归！

【析义】

“傫”：读 lěi，上声，颓丧，不振作。“傫傫”：疲惫丧气的样子。

【直解】

既疲惫又丧气啊，就像无家可归！

【断句】

众人皆有余，而我独若遗。

【析义】

“遗”：丢失，引申为“缺失”，也就是“什么都没有”。

【直解】

大家都很富裕，只有我好像什么也没有。

【断句】

我愚人之心也哉，沌沌兮！

【析义】

“沌沌”：浑沌无知的样子。

【直解】

我的心跟愚人一样，浑浑沌沌啊！

【断句】

俗人昭昭，我独昏昏；俗人察察，我独闷闷。

【析义】

“俗人”：普通人。

“昭昭”：明辨事理的样子。

“察察”：分析明辨的样子。

“闷闷”：愚昧的样子。

【直解】

普通人都能够明白，只有我糊里糊涂；普通人都能够看得清楚，只有我想不明白。

【断句】

漂兮，其若海；飂兮，若无所止。

【析义】

“漂”：漂摇动荡。

“飂”：读 liù，去声，飘。

“止”：居住，棲息。

【直解】

漂摇动荡啊，好像大海一样；飘来飘去啊，好像找不到落脚的地方。

【断句】

众人皆有以，我独顽似鄙。

【析义】

“以”：因由，缘故。“有以”意思是“心中有数”，“心明眼亮”。

“顽”：愚蠢。

“鄙”：鄙陋。

【直解】

大家都心中有数，心明眼亮，好像只有我愚蠢，鄙陋。

【断句】

我独异于人，而贵食母。

【析义】

“食母”：“食”读 sì，去声，跟“饲”字通用。“食母”就是“乳母”，在这里可以理解为“养育生命的本源”。

【直解】

只有我跟别人不一样，我更看重养育生命的本源（指“道”）。

第二十一章

【断句】

孔德之容，惟道是从。

【析义】

“孔”：大。

“德”：品德。“孔德”就是最大的品德。

“容”：内涵。

“从”：作动词使用，意思是“追随”，引申为“按照”。

“惟”：只有。

【直解】

最大的品德，其内涵就是只按照“道”来行事。

【断句】

道之为物，惟恍惟惚。

【析义】

“为”：跟“维”字通用，意思是“描绘，刻画”。

"物"：内容。

【直解】

描绘刻画"道"的内容，只能模模糊糊，笼笼统统。

【断句】

惚兮恍兮，其中有象；恍兮惚兮，其中有物；窈兮冥兮，其中有精。其精甚真，其中有信。

【析义】

"象"：形象。

"物"：内容。

"窈"：幽远。

"冥"：晦暗。

"精"：物的纯质，即"本质"。

"真"：真切，清楚。

"信"：信奉。这里指"信奉的东西"。

【直解】

在模模糊糊当中啊，有形象存在着；在模模糊糊当中啊，有内容存在着；在幽远的晦暗当中啊，有本质存在着。本质看得很真切，很清楚，其中有我们信奉的东西（就是"道"）。

【断句】

自古及今，其名不去，以阅众甫。

【析义】

“其”：代词，指“道”。

“名”：概念。

“不去”：长存。

“阅”：考察。

“甫”：开始。“众甫”：指“一切的开始”，也就是“一切事物的起源”。

【直解】

从古到今，“道”的概念是长存的，可以用它来考察一切事物的起源。

【断句】

吾何以知众甫之然哉？以此。

【析义】

“然”：如此，这样。

【直解】

我为什么知道一切事物的起源是这样？就是根据这个（就是根据“道”）。

第二十二章

【断句】

曲则全，枉则直，洼则盈，敝则新，少则得，多则惑。

【析义】

“曲”：委曲。

“则”：连词，表示因果关系或者情理上、事理上的联系。

“全”：保全。

“枉”：弯曲。

“洼”：作动词使用，意思是“向下陷形成一个坑”。

“敝”：破旧，作动词使用，意思是“守住旧的”。

“少”：短缺，亏欠。

“惑”：烦恼。

【直解】

由于委曲才能够保全，由于弯曲才能够挺直，由于陷下去形成一个坑才能够填满，由于破旧了才能够得到新的，由于短缺亏欠才需要获得，由于过多就会感觉到烦恼。

【断句】

是以圣人抱一为天下式。

【析义】

“抱”：保持。

“一”：数之始，引申为“初始”。

“式”：榜样。

【直解】

所以，圣人以保持初始状态（指“道”的初始状态）来给人们做榜样。

【断句】

不自见，故明；不自是，故彰；不自伐，故有功；不自矜，故长。

【析义】

“见”：读 xiàn，去声，展现。“自见”的意思是“突出自己”。

“故”：连词，相当于现代汉语的“因而”。

“明”：明智。

“是”：认为正确。

“彰”：表扬。

“伐”：夸耀。

“矜”：自高自大。

“长”：读 zhǎng，上声，作动词使用，意思是“居高位”。

【直解】

不突出自己，因而明智；不自以为是，因而受到表扬；不自我夸耀，因而有所成就；不自高自大，因而居高位。

【断句】

夫惟不争，故天下莫能与之争。

【析义】

“夫”：读 fú，阳平，发语词，无词汇意义。

“惟”：由于。

【直解】

由于不跟别人争，所以，天下人都没有办法跟他争。

【断句】

古之所谓“曲则全”者，岂虚言哉？诚全而归之。

【析义】

“虚言”：虚假的说法，引申为“瞎说”。

“诚”：的确，确实。

“归”：归宿。

【直解】

古人说的“委曲求全”这类话难道是瞎说吗？如果按照这类说法去做，的确能够让人得到保全自己的归宿。

【讨论】

这一章最后一句“古之所谓‘曲则全’者……”似乎应该挪到第一句“曲则全……多则惑”之后。这样，不但两句话的意思连贯起来了，而且把“夫惟不争……”放在最后，作为这一章的结语，分量也更重了。

第二十三章

【断句】

希言自然。

【析义】

“希”：跟“稀”字通用，意思是“稀少，罕见”。

“自然”：指自然现象。

【直解】

很少谈论自然现象。（这句话只是一个话题，用来引起下面关于风和雨的议论，似乎没有什么更深刻的含义）。

【断句】

飘风不终朝，骤雨不终日。孰为此者？天地。天地尚不能久，而况于人乎？

【析义】

“飘风”：旋风。

“朝”：读 zhāo，阴平，早晨。

“天地”：指自然界。

【直解】

旋风不能整个早晨都刮，暴雨不能整天都下。是谁在刮风下雨呢？是自然界。自然界都不能持久，何况人呢！

【断句】

故从事于道者，道者同于道，德者同于德，失者同于失。

【析义】

“从事”：投身到……

“者”：表示从事某种事业或活动的人。

“道者”：研究“道”的人。

“德者”：修养品德的人。

“失”：跟“佚”字通用，读 yì，去声，也写作“逸”。“失者”：即逸者，遁世隐居的人。

“同于”：意思是“向……看齐”，引申为“追求做到……”

【直解】

所以，从事于“道”的人认为：研究“道”的人就要按照“道”的要求行事，修养品德的人就要追求好品德，遁世隐居的人就要做到超凡脱俗。

【断句】

同于道者，道亦乐得之；同于德者，德亦乐得之；同于失者，失亦乐得之。

【析义】

“乐”：读 lè，去声，快乐地。

“得”：得到、具有、掌握。

【直解】

按照“道”的要求行事的人，就能够快乐地掌握“道”；追求修养品德的人，就能够快乐地具有好品德；追求遁世隐居的人，就能够快乐地做到超凡脱俗。

【断句】

信不足焉，有不信焉。

【析义】

第一个“信”字的意思是“信心”，第二个“信”字的意思是“相信”，前一个是名词，后一个是动词。

【直解】

对“道”缺乏信心，就不会相信“道”了。

第二十四章

【断句】

企者不立，跨者不行。

【析义】

“企”：抬起脚跟站着。

“行”：行走。

【直解】

抬起脚跟站不了多久，两腿横向跨开不能行走。

【断句】

自见者不明，自是者不彰，自伐者无功，自矜者不长。

【直解】

突出自己不明智，自以为是不会受表扬，自我夸耀不会有成就，自高自大不会居高位。（这四句在第二十二章里有类似的说法，一处是正说，一处是反说，意思是一样的）

【断句】

其在道也，曰余食赘行，物或恶之。故有道者不处也。

【析义】

“在”：介词，表示涉及的对象。

“赘”：多余的。

“行”：行装，行李。

“物”：可以用来指人，意思是“除自己以外的人”。

“恶”：作动词使用，读 wù，去声，意思是“讨厌、厌恶”。

“处”：读 chǔ，上声，处理，引申为“做”。

【直解】

这一切对于“道”来说，就像剩余的食物、多余的行李一样，人们会讨厌的。所以，掌握了“道”的人，是不会这么做的。

第二十五章

【断句】

有物混成，先天地生。

【析义】

“混”：浑沌，浑然一体的原始状态。“混成”：从浑然一体的浑沌之中生成。

【直解】

有一种东西从浑然一体的浑沌状态中生成，它比天地的生成还要早（指“道”）。

【断句】

寂兮寥兮，独立而不改，周行而不殆，可以为天下母。

【析义】

“寂”：无声息。

“寥”：空虚。

“改”：变。

“周”：环绕，循环。

“行”：读 xíng，阳平，运行。“周行”就是“循环运行”。

“殆”：跟“怠”字通用，意思是“疲倦”。

“母”：酵母的“母”，引申为“繁衍滋生的本体”。

【直解】

无声无息啊，空空荡荡啊，独立自主，没有变化，循环运行，不知疲倦，可以滋生出世界上各种事物。（对“道”的描述）。

【断句】

吾不知其名，字之曰“道”，强为之名，曰“大”。

【析义】

“字”：作动词使用，意思是根据人的本名，另外取一个“表字”。

“强”：读 qiǎng，上声，勉强。

“名”：作动词使用，读 mìng，上声，意思是“下定义、界定”。

【直解】

我不知道它的名字，就把它叫做“道”吧，如果勉强下个定义，加以界定，就是“大”（意思是“道”最大，是终极概念）。

【断句】

大曰逝。逝曰远。远曰反。

【析义】

“逝”：过去。

【直解】

“大”就是“过去”（意思是：追溯“过去”是没有止境的，可以永远追溯下去，所以，用“过去”来定义“大”）。“过去”就是“远”，越来越远。“远”就是朝着相反的方向拉开距离（用“朝着相反方向拉开距离”来定义“远”）。

【断句】

故道大，天大，地大，王亦大。域中有四大，而王居其一焉。

【析义】

“域”：疆界。“域中”：疆界以内的地方，引申为“天下”。

【直解】

所以，道大，天大，地大，王也大。天下有四大，王是其中之一。

【断句】

人法地，地法天，天法道，道法自然。

【析义】

“法”：作动词使用，意思是“受约束”。

“地”：指地理环境。

“天”：泛指气候、天空以至宇宙。

“自”：自己。

“然”：表示比拟，意思是“跟……一样”。“自然”就是“跟自己一样”，“等同于自己”。

【直解】

人受地理环境的约束，地理环境受气候、天空乃至宇宙的约束，宇宙受“道”的约束，“道”受自己的约束（“道”最大，是终极概念，所以，从逻辑上来说，只能自己约束自己）。

第二十六章

【断句】

重为轻根，静为躁君。

【析义】

“根”：根子在下边，比喻“基础”。

“躁”：动，不安静。

“君”：主宰者，控制者。

【直解】

重是轻的基础，静是动的控制者。

【断句】

是以君子终日行不离辎重。

【析义】

“君子”：对贵族的称呼，这里指上层统治者。

“辎重”：外出时所带的物资。

【直解】

所以，贵族（上层统治者）出门旅行，整天都不离开所带的物资。

【断句】

虽有荣观，燕处超然。

【析义】

“荣”：盛大，豪华。

“观”：读 guàn，去声，宫观。“荣观”：豪华的离宫别馆，比喻“过豪华的生活”。

“燕”：安逸，安闲。

“超然”：不介入，不关心。

【直解】

贵族（上层统治者）过着豪华的生活，心态安闲，不关心民间疾苦。

【断句】

奈何万乘之主，而以身轻天下？

【析义】

“奈何”：用于反问的疑问代词，相当于现代汉语的“怎么能”。

“万乘之主”：指君主。四匹马驾一辆兵车叫做“一乘”。大国君主出征，可以出一万辆兵车。

“身”：自己。

“轻”：作动词使用，意思是“轻率地对待”。

【直解】

作为一国的君主，怎么能让自己轻率地对待天下呢？

【断句】

轻则失根，躁则失君。

【直解】

轻率就会失去基础，躁动就会失去控制能力。

第二十七章

【断句】

善行，无辙迹；善言，无瑕谪；善数，不用筹策；善闭，无关楗而不可开；善结，无绳约而不可解。

【析义】

“行”：读 xíng，阳平，指驾车而行。

“谪”：读 zhé，阳平，谴责，责备。

“数”：读 shǔ，上声，计算。

“筹策”：计算工具。

“关楗”：门闩。

“结”：捆扎。

“约”：缠束。

【直解】

善于驾车而行的人，不留辙迹；善于说话的人，不留下话柄不受人指责；善于计算的人，不需要计算工具；善于关门的人，即使不使用门闩别人也打不开；善于捆扎的人，即使不打结别人也解不开。

【断句】

是以圣人常善救人，故无弃人；常善救物，故无弃物。是谓袭明。

【析义】

“常”：古本中有写“恒”字的，意思是“一向，向来”。

“救”：跟“纠”字通用，意思是“结集，收集”，引申为“归置”。

“弃”：被忘记。

“袭”：跟“习”字同音。“习”有“经常”的意思。

“明”：眼睛亮。“袭明”就是“眼睛经常明亮”，引申为“能够照顾到方方面面”。

【直解】

所以，圣人（指君主）一向善于把人们收集起来，因而没有人被遗忘；一向善于归置物品，因而没有物品被遗忘。也就是说，圣人（指君主）的眼睛经常是明亮的（能够照顾到方方面面）。

【断句】

故善人者，不善人之师；不善人者，善人之资。

【析义】

“善人”：善于做事的人。

“者”：表示陈述语气的助词，读时在“者”字后面稍作停顿。

“不善人”：不善于做事的人。

“师”：表率。

“资”：跟“赀”字通用，意思是“财物，资料”，引申为“劳动力”。

【直解】

所以，善于做事的人给不善于做事的人当表率；不善于做事的人只能给善于做事的人当劳动力。

【断句】

不贵其师，不爱其资，虽智，大迷。是谓要妙。

【析义】

“贵”：看重，重视。

“爱”：珍惜。

“虽”：即使。

“智”：聪明人。

“迷”：分辨不清，犯糊涂。

“要妙”：古本中也有写作“眇要”的。“眇要”是往远处看的样子，引申为“有远见”。

【直解】

如果不看重当表率，不珍惜劳动力，即使是聪明人也要犯大糊涂。也就是说需要有远见。

第二十八章

【断句】

知其雄，守其雌，为天下谿。为天下谿，常德不离，复归于婴儿。

【析义】

“雄”：比喻强而有力。

“守”：保持，引申为：“情愿屈居于”。

“雌”：比喻软弱。

“谿”：比喻空虚，引申为“虚心”。

“离”：背离。

【直解】

虽然知道可以处于强而有力的地位，也情愿屈居于软弱的地位，向天下人表示虚心。向天下人表示虚心，才能够不违背恒久的品德，才能够回归到婴儿一样纯真的状态（这种纯真的状态就是“道”）。

【断句】

知其白，守其黑，为天下式。为天下式，常德不忒，复归于无极。

【析义】

“白”：明亮。

“黑”：昏暗。

“式”：跟“轼”字通用，表示“谦恭”。

“忒”：改变。

“无极”：宇宙的原始状态。

【直解】

虽然知道有明亮的地方，也情愿屈居昏暗的地方，向天下人表示谦恭。向天下人表示谦恭，才能够不改变恒久的品德，才能够回归到宇宙的原始状态（这种原始状态就是“道”）。

【断句】

知其荣，守其辱，为天下谷。为天下谷，常德乃足，复归于朴。

【析义】

“荣”：荣华富贵。

“辱”：屈辱，埋没。

“谷”：虚怀若谷的“谷”，比喻“虚心”。

“足”：完备。

【直解】

虽然知道荣华富贵，也情愿屈辱埋没，向天下人表示虚心。向天下人表示虚心，恒久的品德才能够完备，才能够回归到像未加工的木材那样质朴的状态（这种质朴状态就是“道”）。

【断句】

朴散则为器。圣人用之，则为官长。故大制不割。

【析义】

“散”：作“剖开”解。

“器”：器具，引申为“人才”。

“用”：使用，引申为“任用”。

“之”：代词，指“人才”。

“大”：最基本的。

“制”：制度。

“割”：截断，引申为“断绝”。“不割”就是“不断绝”，也就是“不改变”。

【直解】

未加工的原木剖开以后制成器具（譬喻人才被培养出来）。圣人（指君主）任用人才，让他当官长。所以，最基本的制度（指“道”）是不会改变的。

第二十九章

【断句】

将欲取天下，而为之，吾见其不得已。

【析义】

“将”、“欲”：都表示“打算、企图”的意思。

“天下”：指“国家政权”。

“为”：猛禽用爪攫取的动作。

“见”：知道。

“已”：表示确定语气。

【直解】

有人企图得到国家政权而强行攫取，我知道是不会得逞的。

【断句】

天下神器，不可为也。为者败之，执者失之。

【析义】

“神器”：指帝王的符玺，象征国家的统治权。

【直解】

国家的统治权是不可以强行攫取的。攫取的人会失败，攫取到手也会失掉。

【断句】

故物或行或随；或嘘或吹；或强或羸；或载或隳。是以圣人去甚、去奢、去泰。

【析义】

“物”：指除自己以外的“人们”。

“行”：往前走，主动地走。

“随”：跟着走，被动地走。

“嘘”：慢慢吐气。

“吹”：合口用力呼气。

“羸”：读 léi，阳平，瘦弱。

“载”：读 zài，去声，开始。

“隳”：读 hūi，阴平，毁坏。

“去”：离开，舍弃，引申为“避免”。

“甚”：极端。

“奢”：过分。

“泰”：过头。

【直解】

所以，人们有的往前走，表现主动，有的跟着走，表现被动；有的慢慢吐气（轻松），有的用力呼气（吃力）；有的强壮，有的瘦弱；有的刚刚开始（前途远大），有的已经毁掉（灭亡）。所以，圣人（指君主）避免极端，避免过分，避免过头。

第三十章

【断句】

以道佐人主者，不以兵强天下。其事好还。

【析义】

“佐”：辅佐。

“人主”：即君主。

“兵”：武力。

“强”：读 qiǎng，上声，作动词使用，意思是“强迫，压迫”。

“好”：读 hào，去声，容易。

“还”：反弹，反抗。

【直解】

用“道”来辅佐君主的人，不用武力压迫天下人。用武力压迫容易遭到反抗。

【断句】

师之所处，荆棘生焉。大军之后必有凶年。

【析义】

“师”：军队。

“凶年”：荒年。

【直解】

军队驻扎过的地方，荆棘丛生。大的军事行动之后（即战争过去以后），一定是荒年。

【断句】

善者果而已，不敢以取强。果而勿矜，果而勿伐，果而勿骄。

【析义】

“善者”：指善于用兵的人。

“果”：饱足，引申为“达到目的”。

“已”：停止。

“强”：读 qiáng，阳平，超越。

【直解】

善于用兵的人，达到目的就停下来，不敢超越原来的目标。达到目的以后不要自高自大，达到目的以后不要自我夸耀，达到目的以后不要骄傲。

【断句】

果而不得，已，是谓果而勿强。

【析义】

“得”：贪得。

【直解】

达到目的以后不贪得，停下来，这就是所谓的“达到目的以后不要超越原来的目标”。

【断句】

物壮则老，是谓不道。不道早已。

【析义】

“物”：泛指一切事物。

“壮”：强壮，引申为“强盛”。

“老”：衰老，引申为“衰退”。

“不”：否定。

“道”：规律。“不道”就是“否定的规律”。

“已”：已然。

【直解】

一切事物都是由强盛转向衰退，这就是所谓的“否定的规律”。“否定的规律”早就有了。

第三十一章

【断句】

夫唯兵者不祥，物或恶之。故有道者不处也。

【析义】

“夫”：读 fú，阳平，发语词，没有词汇意义。
“唯兵者”：就是“唯武力论者”。
“不祥”：凶险。
“物”：指除自己以外的“人们”。
“恶”：读 wù，去声，作动词使用，意思是“憎恶”。
“有道者”：掌握了“道”的人。
“处”：相处，交往。

【直解】

唯武力论者给人们带来凶险，人们憎恶他。所以，掌握了“道”的人，不跟唯武力论者相处，不跟他交往。

【断句】

君子居则贵左，用兵则贵右。

【析义】

“君子”：古代指地位高的人，也是对贵族的称呼。
“居”：住，坐。

“贵”：尊贵，地位高。

【直解】

贵族在家里居住，以左方为尊位，带兵打仗，以右方为尊位（把力士放在兵车的右方）。

【断句】

兵者，不祥之器，非君子之器，不得已而用之。

【析义】

“兵”：武器。
“者”：表示陈述语气的助词，在“者”字后面稍作停顿。

【直解】

武器，是凶险的东西，不是君子使用的东西，只有在不得已的情况下才使用它。

【断句】

恬淡为上。胜而不美。

【析义】

“恬淡”：清静无所作为。
“美”：作动词使用，意思是“喜欢”。

【直解】

最好是清静无所作为（意思是不参与战争），战胜了不必喜欢。

【断句】

而美之者，是乐杀人也。夫乐杀人者，则不可得志于天下矣。

【析义】

“之”：代词，指“军事胜利”。
“得志”：得行其志。

【直解】

对军事胜利感到喜欢的人，是以杀人为乐的人。以杀人为乐的人，是不可能走遍天下都会得行其志的。

【断句】

吉事尚左，凶事尚右。

【析义】

“吉事”：指祭祀、婚礼之类。
“凶事”：指丧事。
“尚”：尊崇，注重，这里指“以……为尊位”。

【直解】

办理吉事（如祭祀、婚礼之类）以左方为尊位，办理丧事，以右方为尊位。

【断句】

偏将军居左，上将军居右，言以丧礼处之。

【析义】

“偏”：辅佐。“偏将军”：辅佐的军官。
“上将军”：主将。
“处”：对待。

【直解】

辅佐的军官坐在左方，主将坐在右方，就是说要按丧礼来对待。

【断句】

杀人众，以悲哀泣之；战胜，以丧礼主之。

【析义】

“主”：为死人立的牌位。作动词使用时，意思是“立牌位进行祭奠”。

【直解】

杀人多，要用痛哭来向死者表示悲哀；战胜了，要举行丧礼，立牌位祭奠死者。

第三十二章

【断句】

道常无名。

【析义】

“常”：古本有写作“恒”的。“常”跟“恒”都表示“一般、平常”的意思。

“无名”：不为人们所知。

【直解】

“道”一般说来是不为人们所知的。

【断句】

朴虽小，天下莫能臣也。侯王若能守之，万物将自宾。

【析义】

“朴”：未加工的原木，譬喻“道”。

“臣”：本义是“奴隶”，这里作动词使用，表示“轻视”的意思。

“守”：奉行。

“之”：代词，指“道”。

“万物”：“物”可以指人。“万物”即“大众”。

“宾”：作动词使用，意思是“服从，归顺”。

【直解】

未加工的原木（指“道”）即使很小，天下人也不能轻视它。侯王（即统治者）如果能够奉行“道”，那么，大众就会自动地服从统治者。

【断句】

天地相合，以降甘露，民莫之令而自均。

【析义】

“甘露”：就是露水。

“令”：干预。

【直解】

天跟地相互作用，降下了露水，人们没有对它进行干预，也能够自然地平均分布。（意思是“道”像露水一样，普遍照顾到万物）。

【断句】

始制有名，名亦既有，夫亦将知止。知止，可以不殆。

【析义】

“始”：最初的，引申为“最根本的”。

“制”：制度，体系。这里指“思想体系”。“始制“就是最根本的思想体系，也就是“道”。

“有名”：有名气，引申为“被人们熟知，被人们了解”。

“将”：读 jiāng，阴平，意思是“逐渐”。

“止”：停止，平息。“知止”的意思是“知道平息下来”，引申为“知道收敛”。

“殆”：危险。

【直解】

“道”这个最根本的思想体系，会被人们了解的。被人们了解以后，要逐渐收敛。知道收敛（不张扬），就没有危险。

【断句】

譬道之在天下，犹川谷之与江海。

【析义】

“天下”：指天地之间。

【直解】

打个比方说，“道”在天地之间，就像山谷里的河水流向大海（也就是说，“道”可以自然而然地被人们所接受）。

第三十三章

【断句】

知人者智，自知者明；胜人者有力，自胜者强；知足者富，强行者有志。

【析义】

“胜”：胜人的“胜”，意思是“打败”；自胜的“胜”，意思是“克制”。

“强行”的“强”：读 qiǎng，上声，意思是“勉力”。

“行”：读 xíng，阳平，意思是“做事”。

【直解】

能够了解别人的人有智慧，能够了解自己的人贤明；能够打败别人的人有力量，能够克制自己的人坚强；能够知足的人富有，能够勉力做事的人有志向。

【断句】

不失其所者久。死而不亡者寿。

【析义】

“所”：处所，引申为“立足之地”。

“亡”：跟“忘”字通用。这里表示“被遗忘”。

【直解】

不失去立足之地的人才能够长久。死后不被人们遗忘才算长寿（也就是现在常说的，永远活在人们心中）。

第三十四章

【断句】

大道泛兮，其可左右。

【析义】

“泛”：水涨溢，引申为“泛滥的洪水”。
“其”：代词，指“道”。

【直解】

伟大的“道”像泛滥的洪水啊，它可以向左也可以向右，覆盖一切。

【断句】

万物恃之以生而不辞，功成不名有。

【析义】

“恃”：依赖。
“之”：代词，指“道”。
“辞”：责备，引申为“干预”。
“名”：作动词使用，读 mìng，去声，意思是“说”。
“有”：占有。

【直解】

万物依赖“道”而生存，但是“道”不干预万物，取得成就也不说归自己所有。

【断句】

衣养万物而不为主，常无欲，可名于小矣。

【析义】

“衣养”：保护。
“名”：作动词使用，意思是“说”。
“小”：低微，引申为“很平常”。

【直解】

“道”保护万物，但是并不以主人自居，平时也没有什么要求，可以说很平常。

【断句】

万物归焉而不为主，可名于大矣。

【析义】

“归”：趋向，归附。

【直解】

万物趋向“道”，归附于“道”，但是“道”并不想做万物的主人，可以说很伟大。

【断句】

是以圣人之能成大也。以其不自大，故能成其大。

【直解】

所以，圣人能够做成大事。由于他不自以为伟大，所以才能够做成大事。

第三十五章

【断句】

执大象，天下往。往而不害，安、平、泰。

【析义】

“执”：掌握。

“大”：作动词使用，意思是“放大”。

“象”：形象。“大象”就是把一个形象放大。后面第四十一章说“大象无形”，意思是说：把一个形象无限地放大下去，就看不出形象了。这里用“大象”比喻“道”。

“往”：通行。

“害”：妨害，阻碍。

“泰”：平安。

【直解】

掌握了无形无象的“道”，可以通行天下。通行而无阻碍，安全、平稳、平安。

【断句】

乐与饵，过客止。道之出口，淡乎其无味。视之不足见，听之不足闻，用之不可既。

【析义】

“乐”：读 yùe，去声，音乐。

“饵”：糕饼，引申为“美食”。

“止”：停留，引申为“止步”。

“出口”：谈论。

“既”：尽，引申为“止境”。

【直解】

音乐和美食可以吸引过往的行人让他们停下脚步。然而谈论“道”却是平淡乏味的。“道”用眼睛看不见，用耳朵听不见，运用起来没有止境。

第三十六章

【断句】

将欲歙之，必固张之；将欲弱之，必固强之；将欲废之，必固兴之；将欲夺之，必固与之。

【析义】

“歙”：读 xī，阴平，收敛。

“兴”：兴盛，引申为“发展”。

“与”：付给，付出。引申为“让……得到”。

【直解】

要收敛什么，必定先让它张开（张开了才能收敛）；要削弱什么，必定先让它变得强大（为了变得强大就会消耗资源，就便于削弱它了）；要废掉什么，必定先让它有所发展（发展过头就会衰败）；要夺取什么，必定先要让它得到，（如果它没有这种东西，你夺取什么？）。

【断句】

是谓微明。

【析义】

“微”：作动词使用，意思是“隐匿，隐瞒”，引申为“看不见的，不容易看明白的，不容易想明白的”。

“明”：明白事理，这里指“事理”。

【直解】

这是不容易想明白的事理。

【断句】

柔弱胜刚强。

【直解】

柔弱可以战胜刚强。

【断句】

鱼不可脱于渊。国之利器不可以示人。

【析义】

“渊”：深水。
“利器”：精良的器械。

【直解】

鱼不可以脱离深水（在浅水中容易被捉住，要隐藏在深水里），国家的精良器械不可以展示给外人。

第三十七章

【断句】

道常无为，而无不为。

【析义】

“无为”：顺其自然，不干预，不做不该做的事。

【直解】

“道”一般是顺其自然，不干预，不做不该做的事，然而“道”又没有做不到的事。

【断句】

侯王若能守之，万物将自化。

【析义】

“万物”：大众。
“自化”：自己教育自己。

【直解】

侯王（统治者）如果能够奉行它（指“道”），那么，大众就能够自己教育自己。

【断句】

化而欲作，吾将镇之以无名之朴。无名之朴，夫亦将不欲。

【析义】

“镇”：作动词使用，意思是“抑制”。

“无名之朴”：无法描述的未加工的原木。指朴素的“道”。

“将”：作动词使用，读 jiāng，阴平，意思是“秉持”。

“不”：跟“无”字通用。“不欲”就是“无欲”。

【直解】

如果人们受到教育以后仍然想要有所作为，那么，我将用朴素的“道”加以抑制。朴素的“道”也是秉持无欲的。

【断句】

不欲以静，天下将自正。

【析义】

“以”：作动词使用，意思是“及，达到”。

“正”：走正路，引申为“守法”。“自正”就是“自动守法”。

【直解】

由于没有欲望而安静下来，那么，天下人就会自动守法了。

下　篇

（第三十八章至第八十一章）

第三十八章

【断句】

上德不德，是以有德。下德不失德，是以无德。

【析义】

“上德”：指品德高尚的人。

“不”：字后面的“德”作动词使用，意思是“修养品德”。

“下德”：指品德比较差的人。

“不失德”：不失去品德，也就是“保持品德”。

【直解】

品德高尚的人不刻意修养品德，是因为已经具有品德。品德比较差的人需要保持品德，是因为缺少品德。

【断句】

上德无为而无以为。下德为之而有以为。

【析义】

“有以为”、“无以为”的“为”字，都作动词使用，意思是“有所作为”。

“之”：代词，指“修养品德”。

【直解】

品德高尚的人可以一切顺其自然，不必有所作为。品德比较差的人为了修养品德，要有所作为。

【断句】

上仁为之而无以为。上义为之而有以为。

【析义】

“上仁”：最讲仁爱的人。

“上义”：最讲道义的人。

【直解】

最讲仁爱的人，不必为了表示仁爱而刻意有所作为。最讲道义的人为了主持道义要有所作为。

【断句】

上礼为之而莫之应，则攘臂而仍之。

【析义】

“礼”：行为规范。“上礼”：最遵守行为规范的人。

“应”：回应。

“攘臂”：捋起袖子。

“仍”：重复。

【直解】

最遵守行为规范的人做事情，如果别人不回应，那么，就捋起袖子，重复地做下去（意思是以身作则，坚持不懈）。

【断句】

故失道而后德，失德而后仁，失仁而后义，失义而后礼。

【直解】

所以，“道”缺失以后才提倡“德”，“德”缺失以后才提倡“仁”，“仁”缺失以后才提倡“义”，“义”缺失以后才提倡“礼”。

【断句】

夫礼者，忠信之薄而乱之首也。

【析义】

“薄”：缺少。

“首”：开端。

【直解】

提倡“礼”（行为规范），是因为缺少忠诚和信用，并且开始失去秩序。

【断句】

前识者，道之华而愚之始也。

【析义】

“前”：指“将来”，有“展望”的意思。“前识者”：意思是“展望将来，当认识到这个道理的时候”。

“华”：繁华，引申为“盛行”。

“愚”：憨直，朴实厚道。

【直解】

将来认识到这个道理的时候，“道”就会盛行了，人们就开始变得憨直、朴实厚道了。

【断句】

是以大丈夫处其厚，不处其薄，居其实，不居其华。故去彼取此。

【析义】

“大丈夫”：有大志向有作为的男子汉。

“处”：读 chǔ，上声，与人相处，待人。

“厚”：厚道。

“薄”：刻薄。

“居”：意思跟“处”相同。

“华”：“华而不实”的“华”，虚浮。

【直解】

因此，有大志向有作为的男子汉，待人要厚道，不要刻薄，要实在，不要虚浮。所以，要放弃后者，选择前者。

第三十九章

【断句】

昔之得一者，天得一以清，地得一以宁，神得一以灵，谷得一以盈，万物得一以生，侯王得一以为天下贞。其致之一也。

【析义】

“得”：坚持。

“一”：数之始，引申为“初始”，指“道”的初始状态。

“以”：跟“而”字通用，表示事理上前后相因。

“贞”：跟“桢”字通用，意思是“支柱”。

“致”：表达。

“之”：代词，指“所表达的东西”。

“致之”之后的“一”：同一。

【直解】

从前，能够坚持“道”的初始状态的，譬如天坚持

“道”的初始状态就清明，地坚持“道”的初始状态就安宁，神坚持“道”的初始状态就灵验，山谷坚持“道”的初始状态水就充盈，万物坚持“道”的初始状态就生机勃勃，侯王（统治者）坚持“道”的初始状态就成为国家的支柱。他们所表达的东西是一样的（都是“道”）。

【断句】

天无以清将恐裂，地无以宁将恐发，神无以灵将恐歇，谷无以盈将恐竭，万物无以生将恐灭，侯王无以为贞而贵高将恐蹶。

【析义】

“发”：震动。

“蹶”：扑倒，引申为“垮台”。

“高”：高位。

【直解】

天不清明会有破裂的危险，地不安宁会有震动的危险，神不灵验会有歇业的危险，山谷里水不充盈会有干涸的危险，万物缺乏生机会有灭绝的危险，侯王（统治者）不做国家的支柱只看重高位会有垮台的危险。

【断句】

故贵以贱为本，高以下为基。是以侯王自谓孤、寡、不谷，此其以贱为本耶？非乎？

【析义】

“孤”：幼而无父。

“寡”：男子无妻或丧偶。

“不谷”：“谷”读 gǔ，上声。“不谷”的意思是“不善良”。

【直解】

因此，贵以贱作根本，高以低作基础。所以，侯王（统给者）自称孤、寡、不谷，不是有以贱为本的意思吗？是不是呀？

【断句】

故致数誉无誉。

【析义】

“致”：求得，引申为“追求”。

“数”：不止一个，好几个。

【直解】

因此，追求再多的荣誉，也还是没有荣誉。

【断句】

不欲琭琭如玉，珞珞如石！

【析义】

“琭琭”：读 lùlù，去声，形容稀少。

“珞珞”：又作“落落”，刚正大方的样子。

【直解】

不必追求做一块稀有的玉，就是做一块刚正大方的石头不是也很好吗？

第四十章

【断句】

反者道之动。弱者道之用。

【析义】

“反”：逆向，引申为“逆向思维”。

“者”：助词，表示陈述语气，后面稍作停顿。

“动”：运用。

“弱”：示弱。

“用”：用途。

【直解】

作逆向思维，是对“道”的一种运用。示弱，是“道”的一种用途。

【断句】

天下万物生于有，有生于无。

【析义】

“有”：存在。

“生”：孕育，产生。

【直解】

天下万物是从“存在”中孕育出来的，“存在”是从虚无中产生的。

第四十一章

【断句】

上士闻道，勤而行之；中士闻道，若存若亡；下士闻道，大笑之，不笑不足以为道。

【析义】

“士”：指学习“道”的人们。

“闻”：听见，引申为“了解”。

“勤”：努力。

“存”：跟“忖”字通用，意思是“想念”。

“亡”：跟“忘”字通用。

“足”：够格。“不足以”：不够格，不配。

【直解】

在学习“道”的人们当中，最好的，是了解了“道”以后就努力践行；中等的，是了解了“道”以后有时候想到它有时候忘掉它（意思是践行得不够好）；最差的，是了解了“道”以后表现非常高兴，好像不表现高兴就不配学习

“道”似的（装模作样，做表面文章）。

【断句】

故建言有之：

【析义】

“建”：提出。

“言”：意见，看法。

【直解】

所以，有人提出如下的看法：

【断句】

明道若昧；进道若退；夷道若颣。

【析义】

“明”：明白。

“昧”：昏暗，引申为“糊涂”。

“进”：推荐。

“退”：摈斥，排斥。

“夷”：跟“彝”字通用，意思是“常理”。

“颣”：读 lèi，去声，意思是“反常”。

【直解】

本来是明明白白的“道”，但是看起来好像糊里糊涂；

本来是应该推荐的“道”，但是好像应该加以排斥；本来是合乎常理的“道”，但是看起来好像有点反常。

【断句】

上德若谷，大白若辱，广德若不足，建德若偷，质真若渝。

【析义】

“上”：高尚。

“谷”：读 yù，去声，山谷。跟山相比，山谷显得低下，所以，“谷”字引申为“低俗”。

“白”：纯洁。

“辱”：污浊。

“广”：普遍，全面，完备。

“建”：跟“健”字通用，意思是“程度超过一般”。

“偷”：跟“媮”字通用，意思是“刻薄，不厚道”。

“质”：诚信。

“真”：真诚，实在。

“渝”：不守信用，靠不住。

【直解】

非常高尚的品德看起来好像低俗，非常纯洁的品德看起来好像污浊，非常完备的品德看起来好像也有不足，程度超过一般的品德看起来好像不厚道，为人真诚实在看起来好像靠不住。

【断句】

大方无隅，大器晚成，大音希声，大象无形。

【析义】

“大”：作动词使用，意思是“放大”。“大方”就是“把一个方方正正的东西加以放大”。

“隅”：角落。

“大器”：担当大事的人才。

“成”：成名。

“希”：跟“稀”字通用，稀少，稀疏。

“象”：形象。“大象”就是“把一个形象加以放大”。

“无形”：看不出形象。

【直解】

把一个方方正正的东西放大以后，反而看不见它的边角了，能担当大事的人才反而成名比较晚，一种声音大极了反而听不见声音了，一个形象放大以后，反而看不清它的形状了。

【断句】

道隐无名。

【析义】

“名”：称说，引申为“宣扬”。“无名”就是“不宣扬”。

【直解】

“道”把自己隐蔽起来，不宣扬自己。

【断句】

夫惟道，善贷且成。

【析义】

“夫”：读 fú，阳平，发语词，没有词汇意义。

“贷”：付出。

“成”：成全。

【直解】

只有“道”善于付出而且能够成全万物。

第四十二章

【断句】

道生一，一生二，二生三，三生万物。万物负阴而抱阳，冲气以为和。

【析义】

“一”：数之始，引申为“初始”，这里指“宇宙的初始状态”。

“二”：指对立的双方，表示为“阴”和“阳”。

“三”：表示多，众多。

“冲”：相互作用。

“气”：指“阴”、“阳”二气。

“和”：和谐

【直解】

“道”产生宇宙的初始状态（即宇宙的初始状态是从“道”产生出来的）。宇宙的初始状态一分为二，有阴和阳两个对立面。对立面越来越多，形成了各种事物。事物都是由阴和阳两个对立面结合起来的，对立面相互作用达到和谐。

【断句】

人之所恶，惟孤、寡、不谷，而王公以为称。

【析义】

“恶”：作动词使用，读 wù，去声，意思是“厌恶”。

“孤”、“寡”、“不谷”：见第三十九章。

“惟”：是。

“称”：自称。

【直解】

人们厌恶的是幼而无父、丧偶无妻、为人不善良，然而王公（统治者）却用这些说法作为自称。

【断句】

故物或损之而益，益之而损。

【析义】

“或”：有时候，常常。

“损”：削减，贬低。

“益”：增加，抬高。

【直解】

所以，事物常常是你贬低它，却把它抬高了；你抬高它，却把它贬低了。

【断句】

人之所教，我亦教之。

【直解】

人们怎么教导，我也怎么教导。

【断句】

强梁者不得其死。吾将以为教父。

【析义】

“强梁”：凶暴强横的人。

“父”：跟“甫”字通用，读 fǔ，上声，意思是“开始”。“教父”的意思就是“教科书的第一课”。

【直解】

凶暴强横的人不得好死。我用这句话作为教导人们的第一课。

第四十三章

【断句】

天下之至柔，驰骋天下之至坚。

【析义】

“驰骋”：骑马奔跑，引申为“跑来跑去，穿行”。

【直解】

天下最柔软的东西，可以在最坚硬的东西里面穿行。

【断句】

无有入于无间。

【析义】

“无有”：没有体积的。

“无间”：没有空隙的。

【直解】

没有体积的东西可以进入没有空隙的东西里面。

【断句】

吾是以知无为之有益。

【直解】

我因此认识到顺其自然不做不该做的事的好处。

【断句】

不言之教，无为之益，天下希及之。

【析义】

“不言”：不说话。

“希”：跟“稀”字通用，意思是“稀少”。

“及”：比得上。

【直解】

不说话的教育（以行动示范的教育）和顺其自然、不做不该做的事的好处，天下没有什么可以比得上。

第四十四章

【断句】

名与身孰亲？身与货孰多？得与亡孰病？

【析义】

“名”：名声。

“身”：自身。

“亲”：爱。

“货”：财物。

“多”：作动词使用，意思是“看重”。

“亡”：失掉，失去。

“病”：担忧，操心。

【直解】

名声跟自身相比，更爱哪个？自身跟财物相比，更看重哪个？得到跟失去相比，更操心哪个？

【断句】

是故，甚爱必大费，多藏必厚亡。

【析义】

“甚”：过于。

“费”：耗损，损失。

“厚”：重、多。

“亡”：失掉、失去。

【直解】

因此，过于爱惜必定导致极大的损失，收藏越多必定失去越多。

【断句】

知足不辱，知止不殆，可以长久

【析义】

“辱”：耻辱，没面子。

“殆”：危险。

【直解】

能够知足的人不会感到没面子，能够知道适可而止的人不会有危险，这样才可以长久。

第四十五章

【断句】

大成若缺，其用不敝。大盈若冲，其用不穷。

【析义】

“大”：程度高。

“成”：齐备、完备。

“不敝”：不困乏，运用自如。

“冲”：空虚，不足。

“穷”：窘迫。

【直解】

对于非常完备的东西，要把它看成好像还有所缺失，这样，运用起来才能够自如。对于非常充裕的东西，要把它看成好像还有所不足，这样，使用起来才能够不窘迫。

【断句】

大直若屈，大巧若拙，大辩若讷。

【析义】

“直”：耿直。

“屈”：屈从，低首下心，低眉顺眼。

“讷”：出言迟钝。

【直解】

非常耿直的人看起来好像低眉顺眼，非常灵巧的人看起来好像笨手笨脚，非常善辩的人看起来好像笨嘴拙舌。

【断句】

躁胜寒，静胜热。

【析义】

“躁”：不停地跳动。

【直解】

不停地跳动可以克服寒冷，安静下来可以克服燥热。

【断句】

清静为天下正。

【析义】

“正”：正统，主流。

【直解】

清静是人间的主流。

第四十六章

【断句】

天下有道，却走马以粪。

【析义】

“走马”：善于奔驰的马。

“却”：退回。

“以”：连词，表示目的。

【直解】

天下人遵循“道”，就可以把善于奔驰的马匹退还给老百姓，用它去拉粪车（从事生产）。

【断句】

天下无道，戎马生于郊。

【析义】

“戎马”：军马。

“生”：生育。这里指母马生马驹。

【直解】

天下人不遵循“道”，军马当中的母马就会在城郊产马驹（长年用兵，军马不够用，把怀孕的母马也征用了，用这个说法表示社会凋敝的程度）。

【断句】

罪莫大于可欲，咎莫大于欲得，祸莫大于不知足。

【析义】

“罪”：错误，过失。

“可”：许可，引申为“放纵”。

“咎”：罪过。

【直解】

最大的错误是放纵欲望，最大的罪过是想得到别人的东西，最大的灾祸是不知足。

【断句】

故知足之足，常足矣。

【直解】

所以，满足于知足，就能够永远满足了。

第四十七章

【断句】

不出户，知天下。不窥牖，见天道。

【析义】

“牖”：读 yǒu，上声，窗。

“天道”：天气。

“见”：知道。

【直解】

不出门，就可以知道天下大事。不看窗外，就可以知道天气如何。

【断句】

其出弥远，其知弥少。

【析义】

“弥”：更加，越发。

【直解】

走出去越远，知道的情况越少。

【断句】

是以圣人不行而知，不见而名，不为而成。

【析义】

“名”：描述。

【直解】

因此，圣人不必走出去也能够知道天下大事，不必察看也能够描述出来，不必有所作为也能够有所成就。

第四十八章

【断句】

为学日益，为道日损。

【析义】

“为学”：做学问。

“日”：作副词使用，意思是“一天比一天更加”。

“为道”：运用“道”。

“益”：增加力度。

“损”：减少力度。

【直解】

做学问要一天比一天增加力度，运用“道”处理问题要一天比一天减少力度。

【断句】

损之又损，以至于无为。无为而无不为矣。

【直解】

力度一天比一天减少，一直减少到无所作为。无所作为，一切顺其自然，就没有做不成的事了。

【断句】

取天下常以无事。及其有事，不足以取天下。

【析义】

“事”：指多余的事，不该做的事。

【直解】

想要取得天下，平常就要不做多余的、不该做的事。如果做了多余的、不该做的事，就没有资格取得天下了。

第四十九章

【断句】

圣人无常心，以百姓之心为心。

【析义】

“常”：恒久不变的。

【直解】

圣人（指君主）没有恒久不变的想法（即不坚持自己的想法），以老百姓的想法作为自己的想法。

【断句】

善者吾善之，不善者吾亦善之，得善矣。

【析义】

“善者”：善良的人。

“善之”的“善”：作动词使用，意思是“好好对待”。

“不善者”：不善良的人。

“得善”的“善”是名词，意思是“好感”。

【直解】

对于善良的人我好好对待，对于不善良的人我也好好对待，这样，就能够获得别人的好感。

【断句】

信者吾信之，不信者吾亦信之，得信矣。

【析义】

“信者”：诚实的人。

“信之”的“信”：作动词使用，意思是“信任”。

“不信者”：不诚实的人。

【直解】

对于诚实的人我信任他，对于不诚实的人我也信任他，这样，就能够获得别人的信任。

【断句】

圣人之在天下，歙歙焉，为天下浑其心，百姓皆注其耳目。

【析义】

“歙歙”：读 xī xī，阴平，无所偏执的样子。

“浑”：浑厚，作动词使用，意思是“变得浑厚”。

“心”：思想感情。

“注”：关注。

“耳目”：指“注意力”。

【直解】

圣人（指君主）在世界上无偏无倚，为天下人着想，让思想感情变得浑厚，让注意力关注到所有老百姓。

【断句】

圣人皆孩之。

【析义】

“孩”：作动词使用，意思是“爱抚”。

“之”：代词，指“老百姓”。

【直解】

圣人（指君主）像对待婴儿一样爱抚所有的老百姓。

第五十章

【断句】

出生入死。

【直解】

谈谈生和死的问题。（“出”跟“生”是近义词，“入”跟“死”也是近义词。“出生入死”这个短语只是一个话题，并没有什么更深刻的含义）。

【断句】

生之徒十有三，死之徒十有三。

【析义】

“生”：指“生命力旺盛的”。

“死”：指“没有生命力的”。

“徒”：同类人。

【直解】

生命力旺盛的一类人占十分之三，没有生命力的一类人占十分之三。

【断句】

人之生，动之死地，亦十有三。

【析义】

“人”：泛指某些人。

“之”：作动词使用，表示“前往，到”的意思，这里引申为“求”。

“动”：作副词使用，表示“往往”的意思。

“死地”：无法生存的境地，绝境，绝路。

【直解】

有些人本来求生存，却往往走上无法生存的绝路，这类人也占十分之三。

【断句】

夫何故？以其生生之厚。

【析义】

“夫”：读 fú，阳平，发语词，没有词汇意义。

“生生”：第一个“生”作动词使用，意思是“谋求”，第二个“生”指“生存”。

“厚”：重视，看重。

【直解】

这是怎么回事呢？是因为他太看重求生存了（譬如过分看重养生，以致营养过度，反受其害）。

【断句】

盖闻善摄生者，陆行不避兕虎，入军不被甲兵。

【析义】

“盖”：发语词，没有词汇意义。

“摄生”：本来指的是“保养身体”，这里指“保护身体”。

“陆”：古本有的写作“陵”，即“山地”。“陵行”的意思是“在山地行走”。

“兕”：读 sì，去声，犀牛。

“入军”：上战场。

“被”：作动词使用，意思是“穿戴”。

“甲”：起保护作用的装备，铠甲。“甲兵”就是铠甲。

【直解】

听说善于保护身体的人，在陆地（或山地）徒步行走用不着躲避犀牛和老虎，上了战场也用不着穿戴铠甲。

【断句】

兕无所投其角，虎无所措其爪，兵无所容其刃。

【析义】

“所”：处所，地方。

“投”：用角撞击。

“措”：安放，施加。

“兵”：指刀剑。

“容”：容受，引申为“被砍杀”。

【直解】

犀牛找不到地方用角撞击，老虎找不到地方用爪子抓，刀剑找不到地方砍杀。

【断句】

夫何故？以其无死地也。

【析义】

“以”：作介词使用，表示原因。

【直解】

这是怎么回事呢？因为他（指善于保护身体的人）有办法不让自己陷于绝境。

第五十一章

【断句】

道生之，德畜之，物形之，势成之。是以万物莫不尊道而贵德。

【析义】

“之”：代词，指“万物”。

“生”：生存。

“畜”：读 xù，去声，饲养，引申为“培育”。

“物”：颜色。

“势”：形势，引申为“环境”。

“成”：成全。

“尊”：尊奉。

“贵”：重视。

【直解】

“道”让万物生存下去，“德”培育万物，颜色给万物赋予外形，环境成全万物。所以，万物没有不尊奉“道”的，没有不重视“德”的。

【断句】

道之尊，德之贵，莫之命而常自然。

【析义】

“命”：强制。

【直解】

尊奉“道”，重视“德”，不需要强制，经常是顺其自然。

【断句】

故道生之，畜之，长之，育之，成之，熟之，养之，覆之。

【析义】

“之”：代词，指“万物”。

“长”：读 zhǎng，上声，意思是“使之生长”，引申为“抚养”。

“养”：熏陶。

“覆”：遮盖，引申为“保护”。

【直解】

所以，“道”让万物生存下去，培育万物，抚养万物，教育万物，成全万物，让万物成熟，熏陶万物，保护万物。

【断句】

生而不有，为而不恃，长而不宰。是谓玄德。

【直解】

听任万物生育繁衍，不占有它们；听任万物随意作为，不让他们有所依赖；听任万物自由生长，不支配它们。这是很深邃、很微妙、难以把握的政治修养（这句见于第十章）。

第五十二章

【断句】

天下有始，以为天下母。

【析义】

“天下”：理解为“宇宙”。

“母”：根本，本源。

【直解】

宇宙有开端，把这个开端看作宇宙的本源。

【断句】

既得其母，以知其子。既知其子，复守其母，没身不殆。

【析义】

“子”：结果。

“守”：秉持，把握。

“殆”：疑惑。

【直解】

已经找到了本源，就可以依据本源来了解结果。已经了解了结果，再返回来把握住本源，这样，一辈子都不会有疑惑了。

【断句】

塞其兑，闭其门，终身不勤。开其兑，济其事，终身不救。

【析义】

“兑”：洞穴。

“勤”：跟“懃”字通用。“懃”读 qín，阳平，意思是“愁苦，担心”。

“济”：成，办成。

“救”：“疚”的同音字。“疚”：不安，引申为“遗憾”。

【直解】

把洞穴堵上，把门关上（比喻做事情谨慎、严密），一辈子不用担心。把洞穴打开，把事情办成（比喻做事情放手），一辈子不会感到遗憾。

【断句】

见小曰明，守柔曰强。

【析义】

“见”：读 xiàn，去声，意思是“展现，表现出”。

“小”：渺小。

“曰”：作系词使用，意思是“是”。

“明”：明智。

“守”：保持，坚持。

【直解】

能够让自己表现得渺小，才是明智；能够坚持表现得软弱，才是坚强。

【断句】

用其光，复归其明，无遗身殃。是为习常。

【析义】

“用”：受用，接受，引申为“明白”。

“其”：代词，指“见小”和“守柔”。

“光”：恩惠，好处。

“明”：明智。

“身”：自身，自己。

“习”：跟“袭”字通用，意思是“遮掩起来”，引申为“隐晦的”。

“常”：常理，恒久的规律。

【直解】

明白“见小”和“守柔”的好处，就能够回归到明智，不让自己遭殃。这是隐晦的恒久规律。

第五十三章

【断句】

使我介然有知，行于大道，唯施是畏。

【析义】

“使”：假如。

“介然”：界限分明地，清楚地。

“施”：跟“迤”字通用。“迤”读 yǐ，上声，意思是“斜行”。

“畏”：担心。

【直解】

假如我清楚地知道，是在大道上行走（譬喻践行“道”），那么，我只担心不要走上邪路。

【断句】

大道甚夷，而民好径。

【析义】

“夷”：平坦。

“好”：作动词使用，读 hào，去声，意思是“喜好”。

“径”：小路，近路。

【直解】

大道非常平坦，可是老百姓偏偏喜欢抄近路，走小路。

【断句】

朝甚除，田甚芜，仓甚虚。

【析义】

“朝”：读 cháo，阳平，官府的大堂。

“甚”：很、极，过分。

“除”：修治，修缮，装修。

“芜”：长满野草。

【直解】

官府的大堂装修得十分漂亮，农田里却长满了野草，粮仓里空空荡荡。

【断句】

服文彩，带利剑，厌饮食，财货有余。是谓盗夸，非道哉！

【析义】

“服”作动词使用，意思是“穿着”。

“文彩”：华丽的色彩。

“带”：作动词使用，意思是“佩戴”。

“厌”：跟“餍”字通用，意思是“饱足”。

“盗”：掠夺。

“夸”：奢侈。

【直解】

穿色彩华丽的衣服，佩戴利剑，饮食饱足，资财有余。这是掠夺得来的奢侈生活，是不符合“道”的行为啊！

第五十四章

【断句】

善建者不拔，善抱者不脱，子孙以祭祀不辍。

【析义】

“建”：竖立桩子。

【直解】

善于竖立桩子的人，他所竖立的桩子不容易拔掉。善于抱住不放的人，他所抱的东西不容易脱落。子子孙孙祭祀祖先不断。

【断句】

修之于身，其德乃真；修之于家，其德乃余；修之于乡，其德乃长；修之于邦，其德乃丰；修之于天下，其德乃普。

【析义】

“修”：学习，修行，引申为“践行”。

“身”：自身。

“乃”：于是，就。

“真”：纯真。

“余”：饱足，引申为“充分”。

“乡”：指“乡里”。

“长”：长久。

“丰”：丰裕，充实。

“普”：普及。

【直解】

学习“道”，在自己身上践行，自己的品德就能够变得纯真；在家庭中践行，全家的品德就能够充分发展；在乡里中践行，整个乡里的品德就能够长久保持下去；在诸侯邦国中践行，整个邦国的品德就能够得到充实；在天下践行，好品德就能够普及天下。

【断句】

故以身观身，以家观家，以乡观乡，以邦观邦，以天下观天下。

【析义】

“以身”：是一种省略的说法，意思是“以自身对‘道’的践行程度”。

“观”：判断。“观身”：也是一种省略的说法，意思是“判断自身践行‘道’的效果”。

【直解】

所以，从一个人自身对“道”的践行程度可以判断他的品德如何，从一个家庭对“道”的践行程度可以判断这个家庭的品德如何，从一个乡里对“道”的践行程度可以判断这个乡里的品德如何，从一个邦国对“道”的践行程度可以判断这个邦国的品德如何，从天下对“道”的践行程度可以判断天下的品德如何。（阐述“道”的实践性，以及“道”和“品德”的关系）

【断句】

吾何以知天下之然哉？以此。

【直解】

我怎么知道天下的情形必然是这样呢？就是这个缘故。

第五十五章

【断句】

含德之厚，比于赤子。

【析义】

“含”：怀藏不露，引申为“具有”。

“厚”：深厚。

“赤子”：初生的婴儿。

【直解】

一个人所具有的品德的深厚程度，可以跟初生的婴儿相比较。

【断句】

毒虫不螫，猛兽不据，攫鸟不搏。

【析义】

“据”：占有，引申为“抓住”。

“攫”：读 jué，阳平，用爪疾取。“攫鸟”：猛禽。

“搏”：捕捉。

【直解】

（如果一个人具有像初生的婴儿一样美好的品德）毒虫就不会螫他，猛兽就不会抓他，猛禽就不会捉他。

【断句】

骨弱筋柔而握固，未知牝牡之合而朘作，精之至也。

【析义】

“朘”：读 zūi，阴平，男子的生殖器。

“作”：起立，竖起。

“精”：精力。

“至”：充沛。

【直解】

婴儿骨头很软，筋也不结实，但是手握得很紧，他还不懂得雌雄两性交配的事，但是生殖器也能竖起来，这是因为精力充沛。

【断句】

终日号而不嗄，和之至也。

【析义】

“号”：读 háo，阳平，大声哭。

“嗄”：读 shà，去声，嘶哑。

“和”：和谐，协调。

【直解】

婴儿整天大声啼哭，但是嗓子却不嘶哑，这是因为能够掌握协调。

【断句】

知和曰常。知常曰明。

【析义】

“曰”：作系词使用，相当于“是”。

“常”：正常。

【直解】

知道保持协调就是正常的。知道保持正常就是贤明的。

【断句】

益生曰祥。心使气曰强。

【析义】

“益”：跟“溢”字通用，意思是“水满外流”，引申为

“过分，过度”。

“生”：生活。“益生”就是“生活享受过度”。

“祥”：也可以专指“凶兆”，引申为“没有好结果”。

“使气”：意气用事。

“强”：读 qiáng，阳平，意思是“强横（读 hèng，去声），不讲道理”。

【直解】

生活享受过度是没有好结果的。心里面老是意气用事就会强横，不讲道理。

【断句】

物壮则老，谓之不道。不道早已。

【析义】

“物”：泛指一切事物。

“不道”：否定的规律。

“早已”：早就有了。

【直解】

一切事物都由强盛转向衰萎，把这个叫做“否定的规律”。“否定的规律”早就有了。

第五十六章

【断句】

知者不言，言者不知。

【析义】

“知”：跟“智”字通用，意思是“明智”。“知者”就是“明智的人”。

【直解】

明智的人不说，说的人不明智。

【断句】

塞其兑，闭其门，挫其锐，解其纷，和其光，同其尘。是谓玄同。

【直解】

把洞穴堵上，把门关上（比喻说话小心，口紧），让气势缓和下来，从纷繁当中理出头绪，不要引人注目，跟别

人一样也蒙上灰尘（韬光养晦）。这是看起来很深奥的混同于一般人的道理。（这些说法有的见于第四章，有的见于第五十二章）

【断句】

故不可得而亲，不可得而疏；不可得而利，不可得而害；不可得而贵，不可得而贱。故为天下贵。

【析义】

“得”：得到，引申为“了解到”。在这里指“了解到混同于一般人的道理”。

【直解】

所以，不能因为了解到这个混同于一般人的道理就亲近人们，也不能因为了解到这个道理就疏远人们；不能因为了解到这个道理就认为对人们有利，也不能因为了解到这个道理就认为对人们有害；不能因为了解到这个道理就重视人们，也不能因为了解到这个道理就轻视人们。这样的品德才是天下人看重的。

第五十七章

【断句】

以正治国，以奇用兵，以无事取天下。

【析义】

“正”：正常。这里指“正常的办法”。

“奇”：出人意料。

“事”：指“多余的事，不必要的事”。

【直解】

治理国家要用正常的办法，作战要出其不意，取天下不要做多余的事，不要做不必要的事。

【断句】

吾何以知其然哉？以此：

【直解】

我怎么知道一定是这样呢？是因为：

【断句】

天下多忌讳，而民弥贫。

【析义】

“忌讳”：禁忌，引申为“防范严密”。

“弥”：更加。

【直解】

天下禁忌多，防范严密，老百姓就更加贫困。

【断句】

民多利器，国家滋昏。

【析义】

“利器”：精良的器械。

“滋”：滋生，增添。

“昏”：混乱。

【直解】

老百姓手里精良的器械多了，国家就增加混乱。

【断句】

人多技巧，奇物滋起。

【析义】

“奇”：罕见的，引申为“新奇的”。

【直解】

人们掌握的技艺多了，新奇的东西大量制造出来。

【断句】

法令滋章，盗贼多有。

【析义】

“章”：条款。“滋章”就是“增加条款”。

【直解】

法令的条款越增加，盗贼越多。

【断句】

故圣人云：我无为而民自化；我好静而民自正；我无事而民自富；我无欲而民自朴。

【析义】

“自化”：自己教育自己。

“自正”：自动守法。

【直解】

所以，圣人（指君主）说：我一切顺其自然，老百姓就会自己教育自己；我喜欢安静，老百姓就会自动守法；我不做多余的事，老百姓就会自己致富；我没有贪欲，老百姓就会自觉地过俭朴的生活

第五十八章

【断句】

其政闷闷，其民淳淳；其政察察，其民缺缺，

【析义】

“政”：指主持政务的人。

“闷闷”：沉默不语。

“淳淳”：淳朴笃厚。

“察察”：分析明辨，引申为“精明”。

“缺缺”：过错多。

【直解】

如果主持政务的人沉默不语，那么，他的老百姓就会淳朴笃厚；如果主持政务的人十分精明，那么，他的老百姓就会有很多过错。

【断句】

祸兮，福之所倚；福兮，祸之所伏。孰知其极？

【析义】

“倚”：随着。

“伏”：埋伏。

“极”：终点，结局。

【直解】

灾祸啊，跟随在幸福后面；幸福啊，里面埋伏着灾祸。谁能知道结局是什么？

【断句】

其无正邪？正复为奇，善复为訞。人之迷，其日固久矣。

【析义】

“正”：决定、考定，引申为“确定的”。

“邪”：读 yé，阳平，表示疑问语气的虚词。

“奇”：异常的。

“訞”：读 yāo，阴平，跟“妖”字通用，意思是“邪恶，不正派”。

“日”：光阴，时间。

【直解】

那么，就没有确定的东西吗？正常的反而变成异常的，善良的反而变成邪恶的。人们陷入困惑，时间已经很久了。

【断句】

是以圣人方而不割，廉而不刿，直而不肆，光而不耀。

【析义】

“廉”：棱角，引申为“品行方正”。

“刿”：读 guì，去声，刺伤，割伤。

“肆”：放肆。

“耀”：炫耀。

【直解】

所以，圣人品行方正，并不伤害人；棱角分明，并不刺伤人；为人正直，并不放肆；光明正大，并不炫耀自己。

第五十九章

【断句】

治人事天，莫如啬。

【析义】

“事”：侍奉，服侍。

“啬”：读 sè，去声，节俭。

【直解】

管理老百姓，侍奉天神，以节俭为好。

【断句】

夫惟啬，是以早复。早复谓之重积德。重积德，则无不克。无不克，则莫知其极。莫知其极，可以有国。

【析义】

“夫”：读 fú，阳平，发语词，没有词汇意义。

“惟”：由于。

“复”：“富”的同音字，作动词使用，意思是“富裕起来”。

“谓”：跟“为”字通用，“为了”的“为”。

“重”：厚重，引申为“多”。

“积德”：给人们施以恩惠，换取民心。

“克”：能够，完成。

“极”：跟“亟”字通用。“亟”的意思是“急切，迫切”，引申为“着急”。

“有”：保有。

【直解】

由于节俭，才能够早一点富裕起来。早一点富裕起来，是为了多给人们施以恩惠，换取民心。多给人们施以恩惠，换取民心，就没有办不成的事。没有办不成的事，就不知道着急了。不知道着急，就可以保住自己的封地了。

【断句】

有国之母，可以长久。是谓深根固柢，长生久视之道。

【析义】

“有”：保有。

“母”：根源。

“柢”：读 dǐ，上声，根。

"久视"：耳目不衰，引申为"长盛不衰"。

【直解】

保住封地的根源，就可以长久了。把根子扎得深一些，把根子扎得牢固一些，这才是长盛不衰之道。

第六十章

【断句】

治大国，若烹小鲜。

【析义】

“国”：指“诸侯的封地”。

“鲜”：鱼。

【直解】

管理一个大的诸侯封地，要像燉小鱼一样（不要翻来覆去地折腾）。

【断句】

以道莅天下者，其鬼不神。

【析义】

“莅”：读 lì，去声，临，对待，引申为“治理”。

“神”：奇异莫测。

【直解】

遵循“道”治理天下的人，他的鬼（指敌对势力）就不是奇异莫测的了（也就是说，是可以掌控的）。

【断句】

非其鬼不神，其神不伤人。非其神不伤人，圣人亦不伤之。

【析义】

“非”：不但。

“伤”：用于使动意义，意思是“使人受到伤害”。“不伤人”：不使人受到伤害。

【直解】

不但他的鬼（指敌对势力）不再是奇异莫测的，而且他的神也不让人受到伤害。不但他的神不让人受到伤害，圣人（指统治者）也不让人受到伤害。

【断句】

夫两不相伤，故德交归焉。

【析义】

“夫”：读 fú，阳平，发语词，没有词汇意义。

“两”：指神跟圣人（统治者）。

“德”：恩德。

“归”：趋向于。“交归”就是“交汇”。

【直解】

神和圣人（统治者）都不让人受到伤害，神和圣人（统治者）的恩德就交汇在一起了。

第六十一章

【断句】

大国者下流，天下之交，天 下之牝。

【析义】

“者”：表示陈述语气的虚词，在“者”字后面稍作停顿。

“下流”：江河的下游。

“交”：指“交会的地方”。

“牝”：雌性，比喻“有吸引力”。

【直解】

大国（大的诸侯封地）好比是江河的下游，是天下人交会的地方，对天下人有吸引力。

【断句】

牝常以静胜牡，以静为下。

【析义】

“牝”：读 xīng，阴平，跟“腥”字通用。“腥”作动词使用，意思是“用腥味吸引雄性”。

“牡”：雄性。

“下”：作动词使用，意思是“屈己尊人”。

【直解】

雌性常常是平静地用腥味来吸引雄性，以平静的姿态屈己尊人。

【断句】

故大国以下小国，则取小国；小国以下大国，则取大国。故或下以取，或下而取。

【析义】

“以”：给予，推及。

“下”：作动词使用，意思是“退让，让步”。

“取”：得到，引申为“控制”。“取”读 qū，阴平时，跟“趣”字通用，意思是“迎合”。“取大国”：“迎合大国”。

【直解】

所以，大国（大的诸侯）向小国（小的诸侯）让步，就能控制小国；小国向大国让步，就能迎合大国。所以，有人用让步去控制，有人用让步去迎合。

【断句】

大国不过欲，兼畜人；小国不过欲，入事人。夫两者各得其所欲。大者宜为下。

【析义】

“过”：超过，过分。

“兼”：兼并。

“畜”：读 xù，去声，包容。

“人”：别人，他人。

“入”：参与。

“事”：服侍。

【直解】

大国如果欲望不过分，就能够把别人（指小国）兼并过来，包容进来；小国如果欲望不过分，就能够参与服侍别人（指大国）。这样，大国小国都能够满足各自的欲望。大国以表示退让为好。

第六十二章

【断句】

道者万物之奥，善人之宝，不善人之所保。

【析义】

“者”：表示陈述语气的虚词。在“者”字后面稍作停顿。

“奥”：内室。

“宝”：宝地。

“保”：保护。

【直解】

“道”好比是保护万物的内室，对善良的人来说，是他的宝地；对不善良的人来说，也给他提供保护。

【断句】

美言可以市尊。美行可以加人。

【析义】

“美言”：美好的言辞。

“市”：交易，交换，引申为“博取”。

“尊”：尊重。

“加”：超过。“加人”：超过别人，出人头地。

【直解】

美好的言辞可以博取别人的尊重。美好的行为可以让自己超过别人，出人头地。

【断句】

人之不善，何弃之有？

【析义】

“有”：有理由。

【直解】

即使一个人不善良，有什么理由抛弃他？

【断句】

故立天子，置三公，虽有拱璧，以先驷马，不如坐进此道。

【析义】

“立天子”：帝王即位。

“置”：设置。

“三公”：司徒、司马、司空，都是最高的辅政大臣。

“拱壁”：两手拱抱的大璧，是极珍贵的宝物。

“先”：作先导。

“驷马”：指四匹马驾的车，豪华的车驾。

“坐”：守定，引申为“坚持”。

“进”：推荐。

【直解】

所以，尽管帝王即位，设置了司徒、司马、司空这些最高的辅政大臣，他们拥有极为珍贵的大璧，出行时用四匹马驾的车作先导（显得那么高贵），但是，都比不上我所坚持并且向人们推荐的这个“道”。

【断句】

古之所以贵此道者何？不曰求以得，有罪以免邪？故为天下贵。

【析义】

“不曰”：不是。

“邪”：读 yé，阳平，表示疑问语气。

【直解】

古时候，人们所以重视这个“道”，是什么缘故呢？还不是为了求得掌握“道”以后，可以避免犯错误受到惩罚吗？所以，“道”是天下最宝贵的东西。

第六十三章

【断句】

为无为，事无事，味无味。

【析义】

“为”：治理，指“治理国家”。

“事”：作动词使用，意思是“做事情”。

“无事”：不做多余的事。

“味”：作动词使用，意思是“调味”，引申为“制作菜肴”。

“无味”：味道清淡。

【直解】

治理国家要顺其自然，做事情不做多余的事，做菜要清淡。

【断句】

大小多少，报怨以德。

【直解】

不要计较大小多少，要以德报怨。

【断句】

图难于其易，为大于其细。

【析义】

“图”：谋划。

【直解】

谋划困难的事情要从容易的地方着手，做大事情要从细小的地方着手。

【断句】

天下难事，必作于易；天下大事，必作于细。

【析义】

“作”：开始。

【直解】

天下的难事一定要从容易的地方开始做起，天下的大事一定要从细小的地方开始做起。

【断句】

是以圣人终不为大，故能成其大。

【析义】

“为”：读 wèi，去声，“为了”的“为”，引申为“追求”。

“终”：终其一生，一辈子。

【直解】

所以，圣人虽然一辈子不追求大事业，但是却能够成就大事业。

【断句】

夫轻诺必寡信，多易必多难，是以圣人犹难之，故终无难矣。

【析义】

“夫”：读 fú，阳平，发语词，没有词汇意义。

“轻”：轻率。

“寡”：少，作动词使用时，意思是“缺少”。“寡信”的意思是“没有信用”，“失去信用”。

“多”：过分，意想不到的。

“犹”：尚且，也要。

“难之”的“难”：读 nàn，去声，意思是“谨慎”。

【直解】

轻率做出承诺，一定会失信于人；有意想不到的容易，就一定会有意想不到的困难。所以，圣人也要谨慎地对待一切，这样做才能够最终化解各种困难。

第六十四章

【断句】

其安易持，其未兆易谋，其脆易泮，其微易散。

【析义】

“安”：安静、平稳。

“持”：保持。

“未兆”：还没有出现预兆，还没有兆头。

“脆”：指冰薄而易碎。

“泮”：读 pàn，去声，融化。

【直解】

一件东西放置平稳，就容易保持不动，做事情如果还没有出现什么兆头，就容易谋划，冰如果薄而且易碎，就容易融化，东西微小就容易散失。

【断句】

为之于未有，治之于未乱。

【直解】

做事情最好从零开始，治理国家最好从还没有出现混乱开始。

【断句】

合抱之木，生于豪末；九层之台，起于累土；千里之行，始于足下。

【析义】

“豪”：跟“毫”字通用。“毫末”：毫毛的末梢，此处比喻“很小的树苗”。

“累”：读 lěi，上声，跟“垒”字通用。

【直解】

两臂合抱的大树，是从很小的树苗成长起来的；九层高的台子，是从堆垒泥土着手营造的；远赴千里之外的旅行，是从迈出第一步开始的。

【断句】

为者败之，执者失之。是以圣人无为，故无败；无执，故无失。

【直解】

做事情的人往往把事情做坏了，失败了，拿着东西的人往往把东西丢失了。因此，圣人什么也不做，所以，也就不会有失败；什么都不拿，所以，也就什么都不会丢失。

【断句】

民之从事，常于几成而败之。慎终如始，则无败事矣。

【析义】

“几”：几乎，将近，接近。

【直解】

老百姓做事情，往往在接近成功的时候失败了。如果到最后也像开始的时候那样小心谨慎，就不会失败了。

【断句】

是以圣人欲不欲，不贵难得之货；学不学，复众人之所过，以辅万物之自然而不敢为。

【析义】

“复”：反复思考，引申为“检讨”。

“过”：过失，过错。

“辅”：辅助，辅导。

“万物”：指人，即“大众”。

“之”：作动词使用，意思是“前往”，引申为“趋于”。

“为”：作动词使用，这里指“做不该做的事”。

【直解】

所以，圣人的欲望就是没有欲望，不看重难得的商品；向不学习的人学习，从检讨众人的过失中得到教训，以此来辅导大众，让他们顺其自然，不敢做不该做的事。

第六十五章

【断句】

古之善为道者，非以明民，将以愚之。

【析义】

“为”：运用。

“明”：作动词使用，意思是“使之明白事理”，引申为“进行教育”。

“愚”：憨厚，作动词使用时意思是“使之变得憨厚”。

【直解】

古时候善于运用“道”的人，不是拿“道”来教育老百姓，让他们明白事理；而是拿“道”来熏陶老百姓，让他们变得憨厚。

【断句】

民之难治，以其智多。故以智治国，国之贼；不以智治国，国之福。

【析义】

“智”：智谋，心眼儿。

“贼”：伤害。

【直解】

老百姓难以管理，是因为他们心眼儿太多。所以，用智谋来管理国家，国家会受到伤害；不用智谋来管理国家，才是国家的福气。

【断句】

知此两者亦楷式。

【析义】

“楷式”：准则。

【直解】

知道这两者的利害关系，也就知道了管理国家的准则。

【断句】

能知楷式，是谓玄德。玄德深矣，远矣，与物反矣，然后乃至大顺。

【析义】

“玄德”：深奥、微妙、难以把握的政治修养。

“物”：指人，即“大众”。

“大顺”：一切都通顺。

【直解】

能够知道管理国家的准则，这是很深奥、很微妙、难以把握的政治修养。这种政治修养是深刻的、深远的、是跟众人的想法相反的，有了这种政治修养以后就能够达到一切通顺的境界。

第六十六章

【断句】

江海所以能为百谷王者，以其善下之也，故能为百谷王。

【析义】

“王”：同类中最大的。

“下”：作动词使用，意思是“容纳”。

“百谷”：指一切河流。

【直解】

大江大海为什么能够比一切河流都大呢？是由于善于把自己放在卑下的位置容纳一切河流，所以，能够成为一切河流之王，比一切河流都大。

【断句】

是以圣人欲上民，必以其言下之，欲先民，必以其身后之。

【析义】

“上”：作动词使用，意思是“凌驾”。

“下”：作动词使用，意思是“退让，屈己尊人”。

“先”：先行，走在前头。

“后”：落在后面。

【直解】

因此，圣人（指君主）想要凌驾在老百姓上面，就要在言辞上作出屈己尊人、退让的姿态，想要走在老百姓前头，就要先把自己放在后头。

【断句】

是以圣人处上而民不重，处前而民不害。

【析义】

“重”：作动词使用，意思是“感到沉重”，引申为“感到有压力”。

“害”：作动词使用，意思是“受到妨害”。

【直解】

所以，圣人（指君主）即使处在上层，地位高，也不让老百姓感到有压力；即使处在领先的位置，也不让老百姓觉得受到妨害。

【断句】

是以天下乐推而不厌。

【析义】

“推”：推举。

【直解】

所以，天下人都乐于推举他，不讨厌他。

【断句】

以其不争，故天下莫能与之争。

【直解】

由于他不跟别人争，所以，天下人都没有办法跟他争。（此句见于第二十二章）

第六十七章

【断句】

天下皆谓我道大，似不肖。夫惟大，故似不肖。若肖，久矣其细也夫！

【析义】

“似”：似乎。

“肖”：类似，相像，作动词使用时意思是“描绘”。“不肖”：“无法描绘”。

“夫”：读 fú，阳平，发语词，没有词汇意义。

“惟”：由于。

“细”：精密，深奥。

“夫”：用在句末，也读 fú，阳平，表示感叹语气。

【直解】

天下人都对我说“道”太大了，似乎无法描绘。正是由于它太大，所以，似乎无法描绘。如果描绘的话，需要花费很长时间，它太精密、太深奥了！

【断句】

我有三宝，持而保之：一曰慈，二曰俭，三曰不敢为天下先。

【析义】

“宝”：指“宝贵的品德”。

“持”：掌握，引申为“运用”。

“保”：保持。

“慈”：怜爱之心。

“俭”：谦卑的态度。

“为天下先”：做挑头的事。

【直解】

我有三种宝贵的品德，要运用它们，保持它们。第一种是怜爱之心，第二种是谦卑的态度，第三种是不敢做挑头的事。

【断句】

夫慈，故能勇；俭，故能广；不敢为天下先，故能成器，长。

【析义】

“勇”：勇气。

“广”：扩大，扩充，这里指“广交朋友，扩充势力”。

“器”：人才。

“长”读 zhǎng，上声，首领。作动词使用时意思是“当首领”。

【直解】

因为有怜爱之心，所以能够有勇气（见义勇为）；因为待人谦卑，所以能够广交朋友扩充势力；因为不敢做挑头的事（不至于夭折），所以能够成长为人才，当首领。

【断句】

今舍慈且勇，舍俭且广，舍后且先，死矣。

【析义】

“舍”：舍弃。

“且”：并且，而且。

【直解】

现在，我如果放弃怜爱之心只凭勇气，放弃谦卑的态度只讲扩充势力，放弃退让而去挑头，那就死定了。

【断句】

夫慈，以战则胜，以守则固。

【直解】

有怜爱之心，那么，怀着这种感情去战斗就能胜利，怀着这种感情去防守就能守住。

【断句】

天将救之，以慈卫之。

【直解】

上天要拯救谁，就会用怜爱之心去保护谁。

第六十八章

【断句】

善为士者不武，善战者不怒，善胜敌者不与，善用人者为之下。

【析义】

“士”：这里指“武士”。

“武”：勇猛。

“与”：交往，引申为“纠缠”。

【直解】

善于作武士的人看起来并不勇猛，善于战斗的人不发怒，善于战胜敌人的人不纠缠，善于用人的人甘于屈己退让。

【断句】

是谓不争之德，是谓用人之力，是谓配天，古之极。

【析义】

“配天”：配合天意。

【直解】

这是不跟别人争的品德，这是借用别人的力量做事情，这是配合天意，这是古人的最高境界。

第六十九章

【断句】

用兵有言：吾不敢为主而为客，不敢进寸而退尺。是谓行无行，攘无臂，执无兵，乃无敌。

【析义】

“用兵”：指挥战争。这里指用兵的人，即指挥战争的“军事家”。

“主”：主动的一方，即“进攻者”。

“客”：被动的一方，即“防御者”。

“行”：前进。“无行”的“行”读 háng，阳平，行列，引申为“队伍”。

“攘”：捋袖子。

“乃”：于是，因而。

【直解】

军事家说：我不敢做进攻者，我要做防御者，我不敢向前进攻一寸，我要向后退却一尺。也就是说，前进的时候不让敌人看见我的队伍，捋袖子的时候不让敌人看见我的手臂，手里握着武器但是不让敌人看见它，因而我是不可战胜的。

【断句】

祸莫大于轻敌，轻敌几丧吾宝。

【析义】

“几”：几乎，将近。

【直解】

没有比轻视敌人更大的灾祸了，轻视敌人就会丧失掉我所珍视的品德。

【断句】

故抗兵相加，哀者胜矣。

【析义】

“抗兵”：对抗的军队。

“相加”：古本有写作“相若”的。“相若”就是“相当”。

【直解】

所以，对抗的军队如果实力相当，那么，悲愤的一方（指受到进攻的一方，奋起反抗的一方）必胜。

第七十章

【断句】

吾言甚易知，甚易行。天下莫能知，莫能行。

【直解】

我的话很好懂，也很容易践行。可是天下竟没有人懂，也没有人践行。

【断句】

言有宗，事有君。

【析义】

“宗”：主旨。

“事”：服务。

“君”：指接受服务的人。

【直解】

说话要有主旨，服务要有接受服务的人。

【断句】

夫惟无知，是以不我知。

【析义】

“夫”：读 fú，阳平，发语词，无词汇意义。

“惟”：由于。

【直解】

由于人们无知，所以我不被人们所了解。

【断句】

知我者希，则我者贵。是以圣人被褐怀玉。

【析义】

“希”：读“稀”字通用，意思是“稀少”。

“则”：作动词使用，意思是“效法”。

“褐”：读 hè，去声，贫贱人穿的粗麻布短衫。

【直解】

了解我的人很少，所以能够效法我的人就显得可贵。这就好比圣人穿着粗麻布短衫，怀里揣着美玉一样。

第七十一章

【断句】

知不知，上；不知知，病。

【析义】

第一个“知”，是名词，指“有知识的人”。“不知”：不以为有知识。

“上”：境界高。

第二个“不知”，指“没有知识的人”。

“病”：有病。

【直解】

有知识的人并不以为自己有知识，这种人境界高；没有知识的人却以为自己有知识，这种人有“病”。

【断句】

夫唯病病，是以不病，

【析义】

“夫”：读 fú，阳平，发语词，没有词汇意义。

“唯”：只有。

第一个“病”，作动词使用，意思是“痛恨”。第二个“病”是名词，指“没有知识却以为自己有知识”这种现象。

“不病”：不患病。

【直解】

只有痛恨这种“病”（指没有知识却以为自己有知识这种现象），才能够不患这种“病”。

【断句】

圣人不病，以其病病，是以不病。

【直解】

圣人不患这种“病”，是因为他痛恨这种“病”，所以，不患这种“病”。

第七十二章

【断句】

民不畏威，大威至矣。

【析义】

“威”：可怕的事情。

【直解】

老百姓对可怕的事情不感到可怕，那么，最可怕的事情就要来到了。

【断句】

无狎其所居，无厌其所生。

【析义】

“狎”：读 xiá，阳平，意思是“狎玩”，引申为“侵犯”。

“居”：积蓄，引申为“财产”。

“厌”：读 yā，阴平，与“压”字通用，意思是“压迫”，引申为“阻塞”。

“生”：生计，谋生的路子。

【直解】

不要侵犯老百姓的财产，不要阻塞老百姓谋生的路子。

【断句】

夫惟不厌，是以不厌。

【析义】

第一个“不厌”的“厌”，读 yā，阴平，意思是“压迫”。第二个“不厌”的“厌”，读 yàn，去声，意思是“厌恨”。

【直解】

只有不阻塞老百姓谋生的路子，才能不让老百姓厌恶痛恨。

【断句】

是以圣人自知不自见，自爱不自贵。故去彼取此。

【析义】

“见”：读 xiàn，去声，作动词使用，意思是“展现，表现”。“自现”就是“突出自己”。

“贵”：抬高。

【直解】

所以，圣人有自知之明，不突出自己，爱惜自己，不抬高自己。要抛弃后者（指突出自己，抬高自己），选择前者（指有自知之明，爱惜自己）。

第七十三章

【断句】

勇于敢则杀，勇于不敢则活。此两者，或利或害。

【析义】

“勇”：勇气。

“敢”：胆量大，此处用于贬义，意思是“蛮干”。

“杀”：致死。

【直解】

把勇气用在蛮干上就会死掉，把勇气不用在蛮干上就能够存活。这两种情况，一种是有利的，一种是有害的。

【断句】

天之所恶，孰知其故？是以圣人犹难之。

【析义】

“恶”：读 wù，去声，讨厌，嫌弃。

【直解】

上天所讨厌的，谁能够知道因为什么？所以，圣人也要谨慎地对待一切。

【断句】

天之道：不争而善胜，不言而善应，不召而自来，繟然而善谋。

【析义】

“应”：回应。

“繟”：读 shān，阴平，缓慢。“繟然”的意思是“心平气和地”。

【直解】

上天所遵循的“道”是这样的：不用争斗也能够取得完美的胜利，不用诉说也能够得到完美的回应，不用召唤也能够自动前来，心平气和地好好谋划。

【断句】

天网恢恢，疏而不失。

【析义】

“恢恢”：恢弘，宽广。

“踈”：跟“疏”字通用，意思是“稀，不密”。

【直解】

上天所遵循的“道”就像网一样，非常宽广，看起来稀疏，不严密，但是，没有人能钻它的空子，没有人能够逃脱。

第七十四章

【断句】

民不畏死，奈何以死惧之？

【析义】

“奈何”：用于反问语气，表示“如何，怎样才能够”等意思。

“惧”：用于使动意义，意思是“使之惧怕”，也就是“吓唬”。

【直解】

老百姓不怕死，怎样才能够拿死来吓唬他们呢？

【断句】

若使民常畏死而为奇者，吾得执而杀之。孰敢！

【析义】

“奇”：惊异。“为奇”：感到奇怪，引申为“认为是不可能的”。

【直解】

如果有人认为让老百姓经常怕死是不可能的，那么，我就把他抓起来杀掉。看谁还敢这么想！

【断句】

常有司杀者。

【析义】

“司”：掌管，主持，执行。“司杀者”：执行杀人的人，即“刽子手”。

【直解】

平常有执行杀人的刽子手。

【断句】

夫代司杀者杀，是谓代大匠斫。

【析义】

“大匠”：手艺高超的工匠。

“斫”：读 zhuó，阳平，砍、削。

【直解】

代替执行杀人的刽子手去杀人，好比代替手艺高超的工匠去砍削木头。

【断句】

夫代大匠斫，希有不伤手矣。

【析义】

“希”：跟“稀”字通用，意思是“稀，少”。

【直解】

代替手艺高超的工匠砍削木头，很少有不伤手的。

第七十五章

【断句】

民之饥，以其上食税之多，是以饥。

【析义】

“上”：指“上边的统治者”。

“食”：作动词使用，意思是“吃”，引申为“征收”。

【直解】

老百姓吃不饱，是由于上边的统治者征收赋税太多，所以饥饿。

【断句】

民之难治，以其上之有为，是以难治。

【析义】

“有为”：做了不该做的事情。

【直解】

老百姓不好管理，是由于上边的统治者做了不该做的事情，所以，不好管理了。

【断句】

人之轻死，以其上求生之厚，是以轻死。

【析义】

“轻”：不重视，引申为“不怕”。

“生”：生活享受。

“厚”：丰厚，引申为“奢侈”。

【直解】

人们不怕死，是由于上边的统治者追求生活享受，过于奢侈，所以人们不怕死（敢于造反）。

【断句】

夫唯无以生为者，是贤于贵生也。

【析义】

“唯”：只有，独。

“为”：读 wèi，去声，“为了”的“为”，引申为“目的”。

“贵”：重视，看重。

【直解】

只有不以生活享受为目的的人，才比看重生活享受的人贤明。

第七十六章

【断句】

人之生也柔弱，其死也坚强。万物草木之生也柔脆，其死也枯槁。

【析义】

“也”：语气词，读时，稍作停顿，无词汇意义。

“枯槁”：干枯。

【直解】

人活着的时候是柔弱的，死了以后就僵硬了。万物草木活着的时候是脆弱的，死了以后就干枯了。

【断句】

故坚强者死之徒，柔弱者生之徒。

【析义】

“徒”：同类人。

【直解】

所以，坚强的属于死掉的那一类，柔弱的属于活下去的那一类。

【断句】

是以兵强则灭，木强则折。

【直解】

所以，军队强大了会走向灭亡，树木强大了会折断。

【断句】

故坚强处下，柔弱处上。

【析义】

“处”：作副词使用，意思是“常，往往”。

“下”：向下，引申为“衰落”。

“上”：上升，引申为“发展”。

【直解】

所以，坚强的往往衰落，柔弱的往往发展。

第七十七章

【断句】

天之道，其犹张弓乎？高者抑之，下者举之；有余者损之，不足者补之。

【直解】

上天的“道”，不是很像开弓射箭吗？站在高处的，往下压一压，站在低处的，往上举一举；力量过大的，减少一些，力量不足的，增加一些。

【断句】

天之道，损有余而补不足。人之道则不然，损不足以奉有余。

【析义】

“奉”：奉献。

【直解】

上天遵循的“道”是削减富裕的去补不足的。人间遵循的“道”却不同，是削减不足的去奉献给有余的。

【断句】

孰能有余以奉天下？唯有道者。

【直解】

谁能够把富裕的奉献给天下？只有遵循“道”的人才能够这么做。

【断句】

是以圣人为而不恃，功成而不居，其不欲见贤。

【析义】

“见”：读 xiàn，去声，展现，表现。

“贤”：贤明。

【直解】

所以，圣人做事情不依赖别人，事情做成了不据为己有，他不想显示自己贤明。

第七十八章

【断句】

天下莫柔弱于水，而攻坚强者莫之能胜，以其无以易之也。

【析义】

“胜”：更好。

“易”：更改，替换。

【直解】

天下没有比水更柔弱的，但是，攻取坚强的东西没有什么比它更好，因而没有什么东西能够代替它。

【断句】

弱之胜强，柔之胜刚，天下莫不知，而莫能行。

【直解】

弱能胜强，柔能胜刚，天下没有人不知道，但是，没有人能够践行。

【断句】

是以圣人云：受国之垢，是谓社稷主；受国之不祥，是谓天下王。

【析义】

“垢”：污垢，引申为“耻辱”。

“谓”：被称作。

“社稷”：帝王所祭的土神和谷神，用作“国家”的代称。

“不祥”：凶险。

【直解】

所以，圣人说：能够替国家承受耻辱的人，才能够被称为国家的主人；能够替国家承受凶险的人，才能够被称为天下的帝王。

【断句】

正言若反。

【直解】

正话反说（正面的话从反面说起）。

第七十九章

【断句】

和大怨，必有余怨。安可以为善？

【析义】

“和”：平息。

“安”：表示反问的疑问代词。

“善”：美好，引申为“太平无事”。

【直解】

大怨平息了，必然还有没有平息的余怨。怎么可以认为太平无事了？

【断句】

是以圣人执左契，而不责于人。

【析义】

“左契”：索偿的凭据。

“责”：索取，引申为“讨债”。

【直解】

所以，圣人虽然手里拿着索偿的凭据，但是，并不向人讨债。

【断句】

有德司契，无德司徹。

【析义】

“司”：掌管。

“徹”：周代租税制度，什一而税（税率百分之十）。

【直解】

品德好的人掌管索偿的凭据，缺少品德的人征收赋税。

【断句】

天道无亲，常与善人。

【析义】

“与”：援助。

【直解】

上天遵循的“道”不分亲疏，但是，经常援助品德好的人。

第八十章

【断句】

小国寡民。

【直解】

国家（指诸侯的封地）小一点，人口少一点。

【断句】

使民有什伯之器而不用；使民重死而不远徙。

【析义】

“什伯”：行伍，军队。“什伯之器”即武器。

“死”：指“死者”，引申为“先人的坟墓”。

【直解】

要让老百姓有武器也不使用；要让老百姓重视先人的坟墓而不往远方迁徙。

【断句】

虽有舟舆，无所乘之；虽有甲兵，无所陈之。

【析义】

“舆”：车厢，这里指“车”。

“所”：处所，地方。

“陈”：跟“阵”字通用，读 zhèn，去声，意思是“排兵布阵”，引申为“在战场上使用”。

【直解】

虽然拥有船和车，也没有地方乘用它们；虽然拥有武器，也没有地方使用它们。

【断句】

使民复结绳而用之。

【直解】

让老百姓恢复到结绳记事的原始状态。

【断句】

甘其食，美其服，安其居，乐其俗。

【析义】

“甘”：味美。

“俗”：习俗，引申为“文化生活”。

【直解】

让老百姓觉得自己的饮食很好，自己的衣服漂亮，自己住的安逸，喜欢自己的文化生活。

【断句】

邻国相望，鸡犬之声相闻，使民至老死不相往来。

【析义】

“国”：诸侯的封地。

【直解】

诸侯封地之间虽然彼此都能看得见，鸡鸣狗叫也都能听得到，但是，要让老百姓一辈子也不要互相往来（实行封闭式管理）。

第八十一章

【断句】

信言不美，美言不信。善者不辩，辩者不善。知者不博，博者不知。

【析义】

“辩”：争辩。

“博”：广博，什么都懂。

【直解】

诚实的话不漂亮，漂亮的话不诚实。善良的人不争辩，争辩的人不善良。有智慧的人不一定什么都懂，什么都懂的人不一定有智慧。

【断句】

圣人不积。既以为人，己愈有；既以与人，己愈多。

【析义】

“积”：积蓄。

“既”：尽量。

“为”：读 wèi，去声，意思是“帮助”。

【直解】

圣人不积蓄东西。越是尽力帮助别人，自己就越富有；越是尽量把东西施于别人，自己拥有的东西就越多。

【断句】

天之道，利而不害。圣人之道，为而不争。

【析义】

“利”：方便。

“害”：妨碍。

“为”：读 wéi，阳平，做事情。

【直解】

上天遵循的“道”，是给人们方便而且不妨碍人们。圣人遵循的“道”，是埋头做事情不跟别人争。